U0689884

本书出版得到文化名家暨"四个一批"人才项目、浙江省"万人计划"人文社科领军人才项目、浙江大学一流骨干基础学科建设计划、杭州市上城区政府的资助

中国城市街道与居民委员会

档案史料选编

（第九册）

1988—1995

毛　丹◎主编

陈　军　任　强　哈　雪◎副主编

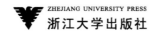

ZHEJIANG UNIVERSITY PRESS

浙江大学出版社

主编单位

中国社区建设展示中心

中国社区建设展示中心是民政部批准建立,集史料陈列、文物展示、理论研究、文献收藏、社区实务于一体的社区建设专题类展览馆。建成于 2009 年 12 月 21 日,经过 10 年发展,中国社区建设展示中心已发展成为中国社区建设的历史课堂、研究基地、实践样板和对外窗口。中国社区建设展示中心由基层组织历史厅、社区建设发展厅、社区治理成果厅、"左邻右舍"社区治理创新园等展馆组成,全方位展示了我国社区建设的历史演进、发展现状和地方经验。

民政部—浙江大学全国民政政策理论研究基地

民政部—浙江大学全国民政政策理论研究基地以浙江大学城乡社区研究团队为基础,在民政部政策研究中心、基层政权与社区建设司以及浙江省民政厅的指导帮助下,致力于农村社区建设与乡村振兴研究、城市社区建设与城市社会治理体系研究、地名文化研究。基地秉承"服务浙江、辐射全国"的发展理念,关注浙江及全国其他地方的城乡社区、社会治理重大理论与实践问题,形成了一批立足于实践发展的民政政策与理论成果。

丛书说明

20 世纪 50 年代初以来,我国的街道和居民委员会(以下简称居委会)长期承担基层管理和组织城市基层社会的功能,形成了我国独特的城市社会样态。居委会与基层社会是理解中国社会不可或缺的视窗。改革开放后,社区建设与基层社会治理的重要性日渐突出,居委会、社区、基层社会的性质与功能、理论与实践都经历了更为复杂的变迁。系统整理、研究居委会与城市基层社会的历史档案资料,对于理解我国基层社会的变迁,研究其发展方向,提升社区治理现代化水平,当有独特的价值。

民政部—浙江大学全国民政政策理论研究基地与中国社区建设展示中心自 2010 年开始酝酿本丛书。近十年来,在民政部支持下,我们以 1949 年至 2000 年为时限,征集、收集了有关街道和居委会工作的档案资料,包括中央和地方的重要政策文件、工作报告、工作记录以及一部分重要的报刊资料等 1000 多种。现在,我们从中选择部分档案资料汇编成第一辑共 10 册。这里对收录的内容作几点说明:

1.《中国城市街道与居民委员会档案史料选编》系自中华人民共和国成立以来首次对全国范围内城市街道与居委会档案史料进行整理和编选,由民政部—浙江大学全国民政政策理论研究基地和中国社区建设展示中心合作完成。

2. 主要依据文献的学术研究价值和实践意义进行筛选,收录发布时间最早及内容最完善的资料,文献内容包括但不限于城市和街道居委会的设立过程、制度建设、组织完善及各项具体工作的计划和成果报告,以及相关报道和研究。

3. 编印按照原件发表时间排序,时限为 1949 年至 2000 年,1949 年前的相关资料收录于附录中。个别年份(1967 年至 1970 年,1974 年)因档案未解密或搜集到的资料质量不佳等原因未予收录。

4. 早期城市街道和居民委员会工作人员提交的部分报告和工作记录中存在较多明显的别字和语病,为方便读者阅读,编者在不改变原义的前提下进行了校订,文中不再一一指出。对文中出现的方言、惯用语和生僻词等,则以脚注形式进行说明。

5. 由于档案文献有政策文件、工作报告、新闻报道、期刊论文等多种形式,标题格式不一,为便于读者检索,编者重拟了部分档案文献的标题,并将原标题列于脚注中。丛书按通行的书籍格式横版排编,资料来源加"【】"标注;无法辨析的文字,用"□"标注。

6. 档案原件主要来源于中央及各地方的档案馆、各地民政相关部门,少量来自政府工作网站。所用资料均经过核实,资料的出处标于篇末。

7. 为科学客观反映我国基层社会变迁,编者保留档案文献中反映各时期政治过程在基层社会影响的内容,希望读者正确鉴别。

《中国城市街道与居民委员会档案史料选编》编委会
2019 年 6 月

目　　录

1988

杭州市上城区清波街道关于加强居委会企业财务及经济合同管理的规定①

上清办〔1988〕12号

各居委会及所属商店、加工组：

1987年以来，居民区经济发展前景很好，为加强财务工作和经济合同的管理，特作如下规定，望认真贯彻执行。

一、商店、加工组每月1日（最迟不超过2日）向街道居民企业办公室报送财务报表，并请会计亲送，以便核对。如不报或延误，第一个月进行教育，第二个月起对承包者酌情罚款。

二、每月10日前向税务部门缴纳营业税。10日前向街道居民企业办公室缴纳管理费，如延误加收滞纳金。

三、承包的商店、加工组每月的承包费，应填入经营利润一栏，并由承包者缴纳所得税。

四、各商店、加工组签订或撤销经济合同，须由街道居民企业办公室、居委会、承包租赁者三方共同协商签证。

五、为加强财务统一管理，今后居委会企业会计人员，由居委会和街道居民企业办公室协商配备，由居委会出面聘请。

六、居委会主任、福利主任应加强对财务工作、经济合同的管理，逐步学会管理财务，以适应居民区经济发展的需要。

清波街道办事处

1988年3月30日

【由杭州市上城区档案馆提供】

---

① 原文标题为《关于加强居委会企业财务及经济合同管理的规定》。

杭州市上城区涌金街道关于扩大居委会
自主权和加快发展居委会集体经济的意见①

上涌办〔1988〕5 号

为了充分调动居委会工作的积极性、主动性、创造性,更好地发展其自治组织的作用,经研究,对扩大居委会自主权,加快发展居委会集体经济问题,作如下规定:

一、按照分线负责,分级管理的原则,今后居民区六大主任的工作由有关科室实行对口指导,街道不再设专管居民区工作的外勤人员。

二、居民区企业负责人和财会人员由居委会决定招(解)聘,其工资待遇也由居委会视财力自定,报街道办事处街政科备案。

三、居委会主任有权审批 50 元以内的活动费用;150 元以内的非生产性设备购置费用和 500 元以内的生产设备购置费用。

四、发展第三产业,搞活居民区经济,是居委会的一项重要工作。为调动居委会兴办集体经济的积极性。从 1988 年 1 月 1 日起。居民区新办的企业,一年内原定的上交给街道的 20％利润分成,化为 100％后,其中的 50％留给居民区。为鼓励大家创办企业的积极性,从居民区分得的新办企业利润中提取 5％作为企业创办人包括居委会有关干部的年终一次性奖励。

五、居民区续办企业提取奖金比例为:居民区企业税前年利润在 5000 元以内的提取 6％,作为居委会干部的奖金,税前年利润在 5000 元以上的提取 5％作为居委会干部的奖金。奖金发放办法为:按年利润分解为四个季度,季末发奖,年终结算。

奖金审批权下放给居委会后,街道每年组织 1～2 次财务检查,实行监督。

涌金街道办事处

1988 年 3 月 31 日

【由杭州市上城区档案馆提供】

---

① 原文标题为《关于扩大居委会自主权和加快发展居委会集体经济的意见》。

兰州市七里河区敦煌路街道开展
社区服务工作的基本做法与经验①

敦煌街社区服务工作的系列化,是随着政治经济体制改革的深入和居民群众的生活需求逐步建立起来的。社区服务系列化的形成,对促进辖区生产力的解放,奠定了一定的基础。

一、基本做法和八大服务系列的形成

根据"七五"计划关于"有步骤地建立起具有中国特色的社会主义的社会保障制度雏形"的要求,为满足辖区居民的物质和精神的需求,为企事业生产提供解放生产力的条件,自去年12月以来,我们开展了以街道为主体,以辖区单位为中心,以居委会为依托,以辖区所有居民为服务对象的街道和居委会两个层次的全方位、系列化的社区服务工作。我们首先从宣传动员、调查摸底入手,大力宣传社区服务,建立健全社区服务组织124个。整顿和兴办街道服务设施21个,采取无偿服务和有偿服务相结合的办法,为辖区居民办好事1200余件,办实事210余件,先后成立了四会(社会保障工作委员会、社会福利基金会、民俗改革理事会、老龄工作委员会),建立了三站(家庭劳动服务站、儿童玩具、图书交换站、街道废品收购站)、二所(法律服务所、婚姻介绍所)、一厂一队(西津福利工厂、业余文艺宣传队),逐步形成了符合我街特点的社区服务八大系列。

1. 鳏寡孤独和残疾人服务系列

我街辖区现有孤寡老人14名,近年来一直受到街道、居委会、辖区单位以及共青团、少先队、邻里的关怀照顾,逢年过节对他们进行定期慰问,遇有疾病主动送医送药。为了从组织上、制度上使他们的生活更有保障,街道社会保障工作委员会组织辖区单位、居委会、邻里建立了14个为孤老生活起居进行长期服务的包护小组,对孤老实行三定(定人、定点、定任务)、四包(包衣、包食、

---

① 原文标题为《街道开展社区服务的典型——兰州市七里河区敦煌路街道开展社区服务工作的基本做法与经验》。

包住、包医)服务。包护单位在街道社保组织的公证下签订了包护协议书。街道和居委会对孤老的情况进行了建档立卡、造册登记。社保组织定期对包护内容的落实情况进行检查,使孤寡老人的生活服务有了比较可靠的保障。为了使鳏寡孤独老人在精神上享有同有子女老人同样的社会温暖,我们采取各种形式,对他们开展有益活动,如春节把孤老用小车接到街道同他们一起吃年饭、开座谈会;孤老有病,街道和居委会长期派人或雇人照料;遇有孤老丧葬,从联系火化到处理遗物,都由街道和居委会干部包干到底。为了认真贯彻全省老龄工作会议的精神,街道积极创造条件,拟建造一所敬老、养老、托老的综合性的生活服务场所。

辖区有残疾人185人,其中62%的有劳动能力的人已在街道和辖区单位办的福利工厂和服务网点都安排了工作,使他们能够自食其力。为了使辖区残疾人的生活更加丰富多彩,街道还注重对他们的婚姻和文化娱乐的关怀,如举办老、幼、残运动会,举办残疾人及家属座谈会,对他们的婚姻牵线搭桥等,从各方面关心他们。

2.优抚对象服务系列

辖区现有烈属14户、军属142户、残疾军人16名、参战部队家属1户、老红军1户、西路红军1名、复员退伍军人1224名。为了从多方面给他们优先提供服务,街道组织了13个拥军优属服务小组,除逢年过节组织多种形式的慰问外,还为他们做实事、做好事,粮站、煤场、菜站经常把货送到他们的门上,街道还经常和单位联系,帮助他们解决生活中的困难。为了方便服务,街道对各类优抚对象进行了登记建档。

3.家庭劳动服务系列

家庭是社会的细胞,提供家庭服务,为发生各种困难的家庭提供有偿和无偿的服务。开展一些家庭教育、家务劳动,促进家庭和睦,是社区服务开展的新领域。这项工作主要由各居委会承担,各居委会现已开设的服务项目有送牛奶、传电话、代售信封邮票、换煤气、加工面条、家庭临时劳动、介绍保姆、代看小孩、介绍和聘请家庭教师以及家具、电器、自行车维修等。为了配合各居委会搞好这项服务工作,街道还建立了1个家庭劳动服务站、3个家庭托儿站,同时,辖区各单位办的17个劳动服务公司也向居民提供家庭劳动服务。

4.民俗改革服务系列

随着社会经济文化的发展,居民群众的生活风俗习惯也得到改善。为了提倡婚事新办,丧事简办的社会主义风尚,街道民俗改革理事会帮助 18 个居委会成立了民俗改革理事小组,积极为辖区青年举办集体婚礼,为困难户居民操办丧事。

同时,为了提高居民群众的法律观念,使之懂法守法,用法律武器维护其合法权益,街道的法律服务所辖区为居民提供各种形式的法律服务。

另外,为了解决老年人、残疾人和大男大女婚姻方面的困难,街道婚姻介绍所帮助各居委会建立了婚姻介绍组,兼顾介绍和牵线工作。

5. 青少年教育服务系列

青少年是祖国的花朵,未来的希望。配合学校和家长搞好青少年的校外教育,保证青少年健康成长,是社区服务义不容辞的责任。辖区现有大、中、小学 10 所,在校学生 3807 人,幼儿园 9 所,幼儿 2000 余名。街道青少年帮教小组 62 个,对 179 名后进失足青少年负责帮教。自 1984 年以来,街道和居委会逐年办起了 11 所设备齐全的"少年之家",假日和不到校日对青少年开放,并在每年寒假、暑假举办各种形式的学习班,组织孩子们进行有益的活动,解除了家长的后顾之忧。为了活跃他们的文化娱乐生活,调动其学习积极性,街道又成立了少年儿童图书、玩具交换站,举行大规模的交换,使图书和玩具进入流通领域,引导和调动了孩子们的学习热情。

辖区目前尚有待业青年 1246 人,近年来,街道对辖区待业青年多次进行了就业前的培训,取得了较好的效果。

6. 综合治理服务系列

为了给居民群众创造和谐、优美、安定的社会生活环境,街道建立楼群治安、卫生清洁、绿化服务队伍。现辖区有楼、门、院长 515 人,治安、卫生、绿化员、自行车看管员 397 人。由于有了这样一支以居委会干部、离退休人员为骨干的综合治理队伍,辖区的社会治安、环境卫生、绿化都取得了较好的成绩。为了加强综合治理,街道在辖区广泛开展了争做文明市民、文明标兵、五好家庭、五好门栋活动。

7. 便民利民服务系列

方便群众,为居民提供各种生活服务是社区服务的宗旨。目前,辖区有街道办的服务网点 107 个,个体办的网点 45 个,加上辖区医院、食堂、粮站、蔬菜、农贸、糖业、烟酒等服务设施提供的服务,在很大程度上方便了居民群众的生活。

8.文化娱乐服务系列

社区服务除了要给予居民群众物质生活上的服务,还应满足在精神、文化娱乐方面的需求。辖区现有街办文化娱乐与活动中心1个,单位办文化娱乐与活动中心5个,街办文化站1个,文化培训班1个,中老年健身操队伍4个,加上青少年之家和俱乐部40多个,文化娱乐活动场所为辖区居民提供服务,基本满足了居民群众的需求,丰富了他们的精神文化生活。

二、基本经验

社区服务是社会生产力发展到一定历史阶段的产物,是为适应城市社会化大生产和社会分工专业化的需要以及精神文明建设的发展而产生的。它是在一定的时间和空间领域建立起的一种社会型服务保障制度。在我国,社区服务已成为政治、经济体制改革的重要配套工作,它对社区生产力的发展起着直接或间接的促进作用。社区服务是精神文明建设和社会保障工作从低层次到高层次、由单一化到规范化的发展。社会化大生产与专业分工的出现,让人们社会分工越来越细,相互间的联系越来越紧密,人们生活节奏日益加快,生活水平不断提高,因而对社会服务的要求开始向高档化、方便化、系列化转移。人们精神文化和吃、穿、住、行都向现代化发展。因此,适应生产力向工业化和社会化大生产迈进的趋势,建立具有中国特色的先进的社会保障制度,全方位开展社区服务工作,是历史赋予我们的使命。探索开展社区服务的新路子,有着十分重要的历史意义和现实意义。

敦煌街社区服务的主要经验是:

1.转变观念,提高认识是开展社区服务的前提

社区服务既是一个社会实践问题,也是一个理念问题。抓好宣传教育工作,解决好理念认识问题,用社区服务的理念指导社区服务的实践,用社区服务的实践在一定历史条件下为社区服务的理念,应该是我们开展社区服务的出发点。一切从是否有利于居民群众,是否有利于生产力的发展出发,我们在逐步建立和完善八大服务系列的过程中首先抓社区服务的宣传教育工作,从理论上向居民灌输社区服务的目的和意义,引导和号召居民群众参加社区服务工作。为此我们编写了《社区服务宣传提纲》《社区服务概念》《社区服务讲话》《社区服务宣传口号》等材料。通过宣传教育,居民群众对社区服务有了比较明确的认识,思想观念得到了转变,许多人走出家门,进入社区服务队伍的行列。

2.各级领导重视,群众支持是开展社区服务项的关键

我街社区服务工作在街道本身经济力量比较薄弱的情况下能够顺利进展,一方面是顺应了历史潮流,另一方面是得到了各级领导重视和居民群众的支持。社区服务作为一种规范化的要求列入街道工作议事日程后,我街 5 名领导都直接参加了这项工作,把八大系列的各项任务落实到了每个领导身上,落实到各个办公室和干部身上。同时,积极主动向上级领导和部门汇报工作,争取支持,并采取登门拜访,走家串户的办法和召开座谈会等形式,和辖区单位领导协商开展社区服务的有关事宜,遇有较大规模的社区服务活动,邀请省市区有关领导参加。配合我区新一轮体制改革,调整了街道机构,加强了经济工作办公室的力量,增设了民政司法办公室,充实了社区服务的主体组织力量。

辖区单位和居民群众也从人力、物力、财力上给予了大力相助。辖区 60 多个单位和 5100 余户居民积极捐款赠物,支持社区服务工作。

3.充分发挥经济实体的支柱作用,大力发展街道经济开展社区服务的基础

社区服务需要一定的经济作为基础。我们在实践中体会到,解决经济支柱这个问题,在社区服务刚刚起步、服务设施尚未健全、各个系列尚未形成时,可以采取四个"一点"的办法,即上级部门支持一点,辖区单位支援一点,街道和居委会拿一点,居民群众捐赠一点来解决当务之急。在社区服务工作系列化形成、全方位开展服务工作时,重点要大力兴办街道集体经济实体,以企业养事业,以生产养社会,广开门路,多渠道兴办第三产业和服务网点,把无偿服务和有偿服务有机地结合起来。我街社区除对鳏寡孤独和优抚对象采取无偿服务外,为其他居民提供有偿服务。如居委会加工面条、修理自行车、代看小孩、街道法律咨询、婚姻介绍都实行收费的办法提供服务。

4.加强居委会建设,是开展社区服务的依托

居委会是社区群众性自治组织,在社区服务工作中是一支不可低估的力量。居委会是构成以街道为主体的社区的重要部分,因而必须加强居委会的建设,使之成为社区服务的依托基地。从 1972 年开始,我街就开始抓居委会的建设,成立了居委会主任文化学习班,根据居委会主任原有文化程度,分成高级班和低级班,每周学习文化一次,坚持了 16 年,从不松懈,培养出了一大批素质较好的居委会干部。同时,我们还抓了居委会工作的条理化、制度化建

设,制订了居委会工作制度、学习制度、目标管理责任制、考评制度以及楼门长工作制度。全面整顿、充实和加强了居委会领导班子建设,对年龄大、不能胜任居委会工作的居委会干部进行了调整,动员身体好、有工作能力、热心居委会工作的离退休人员参加居委会工作。现在 18 个居委会的 54 名正副主任中,离退休人员就有 39 名,占总数的 72%;初中以上文化程度的 21 名,占总数的 39%。所有居委会均建立了八大服务系列小组,对各类服务对象进行了统计归类,建立了图表卡册,制订了 3 年和近期社区服务工作规划,使居委会成为最了解居民情况的基层组织,真正发挥了依托作用。

5.深化改革,转变街道职能,因地制宜,社区服务社会办是开展社区服务的基本方向

社区服务,利国利民,是社区居民共同的事业,只有依靠社会的力量才能生存。要取得社会各界的支持,调动社区全体居民参加服务,必须遵循先易后难,因地制宜的原则,为居民群众办实事,办好事,把竞争机制引入社区服务,从低层次服务转向高层次服务,由企业办社会转向企业只搞生产,社会专办社会。

我街社区服务已从初期的代售邮票信封、代送煤气,发展到家庭教育、家务劳动、法律服务,从星星点点的网点发展到大街小巷网点遍布,经济实体逐年增加,方便了居民群众。

社区服务工作的开展,促进了我街其他工作的发展,给街道工作赋予了新的任务。首先转变了街道职能,实现了由单纯地为民政对象服务转向为全体居民服务;由国家管理包办转向社会化管理;由零星的服务转向系统化服务;由单一型服务转向综合型服务;由过去少数人参加服务转向大多数居民都参加服务。近年来,我街 4000 多居民为老山前线①捐款 6000 余元,为灾区人民捐赠衣物 10000 多件,为残疾人和社会孤老捐款 10000 多元;建成了郑家庆一条街,完成了省建一公司家属楼群的改造和治理,收到了较好的社会效果。

实践证明,一切从发展生产力这个标准出发,借两个改革的优势,多渠道促进生产力发展,社区服务社会办,是符合街道特点的发展社区服务的方向。

(本文作者系兰州市七里河区街道办事处祁东鹿)

【选自《兰州学刊》1988 年第 5 期】

---

① 老山前线:地名。——编者注

唐山加强城区街道办事处建设①

河北唐山市委、市政府把加强街道办事处的建设作为深化改革的一项重要工作来抓,使城区的基层工作出现新的活力。

唐山市经过调查研究后认识到,街道办事处的工作特点具有鲜明的群众性、直接性和综合性,任务繁重、情况复杂。从去年9月以来,他们陆续向城区19个街道办事处下放了"四权",即辖区内的园林绿化和市容、市政管理权;零散税收征管权;中小市场管理权;公安派出所干警的行政管理权。随着权力下放,相应地进行了人事、财、费的调整。此外,还分别在几个办事处进行着辖区企事业党组织属地领导和招聘集体干部的试点,建立"六所一会"(财政所、税务所、工商所、物价所、公安派出所、法律事务所和个体劳协分会)的街道管理新模式的试点。目前试点工作仍在进行中。

近几个月来,唐山城区把发展街道经济与体制改革结合起来,在完善街道企业内部的租赁承包制和全面推行效益工资制的同时,还通过政策鼓励与社会招聘,为街道企业充实了153名专业技术和管理人才。有3个区分别办起了城市信用社和实业股份公司,已调剂、融通资金1200多万元,支持街道企业进行技术改造,并扶植新上了30多家工商企业。各区政府还组织所属部门落实扶助街道企业责任制,提供综合服务,促进了街道经济的多样化发展。路南、路北两区有7个办事处建起劳务市场,为属地内外单位提供定期定项服务。西新村办事处的劳务公司已发展到119人,先后承包了市百货大楼、建国路商场和农贸市场的卫生清扫任务。文北办事处成立了俗称"镖局"的保安公司,弥补了当地警力的不足。这些,既为城市的文明建设做出了贡献,也为办事处增加了收入。今年头两个月街道经济创造产值1172万元,比去年同期增长37.4%;利润184万元,比去年同期增长73%。

【选自《人民日报》1988年6月3日】

---

① 原文标题为《唐山加强城区街道办事处建设　赋予相应权力　增强经济实力》。

杭州市上城区关于印发《街道办事处工作暂行规定》《城市居民委员会工作暂行规定》的通知①

上政〔1988〕66 号

街道办事处、区政府直属各单位：

《街道办事处工作暂行规定》《城市居民委员会工作暂行规定》，已经区人民政府常务会议讨论通过，现印发给你们，希认真贯彻执行。

杭州市上城区人民政府

1988 年 6 月 18 日

杭州市上城区人民政府关于街道办事处工作暂行规定

第一章　总　则

第一条　为充分发挥街道办事处的作用，密切政府与群众的联系，更好地担负起辖区的政治、经济、法律、社会治安、劳动就业、城市管理、人民生活等方面的综合管理、综合服务和协调监督任务，促进社会主义物质文明和精神文明建设，根据国家有关法律规定，结合本区具体情况，特制订本规定。

第二条　街道办事处必须坚持四项基本原则，坚决贯彻执行党的路线、方针、政策，必须树立以经济为基础，以城市管理和服务功能为重点，把街道建设成为环境优美、社会安定、文化昌盛、经济繁荣、生活方便、服务四化的文明地区。

第三条　街道办事处的工作对象主要是广大居民，对辖区内机关、团体和企业、事业等单位的有关地区性、社会性的工作，进行协调、监督、管理。

第四条　街道办事处管辖区域的划分，应根据地形、居民居住状况等确定，以便于联系群众，开展工作。管辖区域的人口，一般为 3 万人至 4 万人。

---

① 原文标题为《关于印发〈街道办事处工作暂行规定〉〈城市居民委员会工作暂行规定〉的通知》。

街道办事处的设立、合并、撤销应由区人民政府报经市人民政府批准。

第二章　性质和任务

第五条　街道办事处是区人民政府的派出机关,受区人民政府的领导,街道工作是城市工作的基础,是城市综合管理的第一层次,是党和政府联系群众的桥梁和纽带,它行使基层政权的部分权力,管理本地区的行政工作。

第六条　街道办事处的主要任务:

(一)宣传和执行党的路线、方针、政策和国家的法律、法令、法规,积极地对居民群众进行思想政治教育和法制教育。

(二)开展社会主义精神文明建设活动,积极开展争创"文明街道"和"五好"活动,大力组织辖区内各单位的"共建"活动,开展群众文化、体育、教育工作,做好爱国卫生、计划生育、环境保护工作,美化、绿化、净化城市环境,提倡文明、健康、科学的生活方式和民主和谐进取的新型家风,移风易俗,改革落后愚昧的习俗。

(三)配合有关部门做好城市管理和防空、防汛、防台、防震、抢险救灾、旧城改造、居民动迁等工作。

(四)发展和管理好街道集体经济,兴办为民、便民、利民的综合服务事业,积极发展生产,搞活流通,努力开辟税源,增加收入,不断壮大街道的经济实力。加强市场、物价、个体工商业户的管理。

街道所属企业性公司是经济实体,根据政企分设的原则,应将企业的经营自主权、人权和财权交给公司或企业去管理,做到责、权、利一致,办事处对公司实行间接管理,进行宏观指导和协调、监督。

(五)做好待业人员的登记、管理、教育工作,并积极配合劳动部门搞好就业前的业务技术培训。协同有关部门进行招工、聘用、调配专业工作。

(六)坚持办好社区服务事业,以街道为主体,以居民区为依托,建立社区服务管理机构,协调各部门齐抓共管,发动和依靠社会各方面的力量加强社区服务网络建设,因地制宜,灵活多样开展各种服务活动。

(七)开展社会治安综合治理,协助公安、司法机关维护社会治安和社会秩序,搞好对轻微违法人员的帮教工作和"两劳"人员安置工作,防止和减少犯罪。做好人民调解工作,防止矛盾激化。保护老人、妇女、儿童的合法权益,维护社会的安定团结。

(八)搞好社会福利事业和福利生产工作,开展拥军优属活动和基层社会保障工作,关心帮助老、幼、病、残等社会上最困难的人员,办好幼托事业,做好社会福利、社会救济、有劳动能力的残废人员的安置工作、退休人员的管理教育工作。按国务院批准的"婚姻登记办法"办理结婚登记,并做好晚婚的宣传教育工作。

(九)指导居民委员会开展工作,及时向上级政府反映居民的意见和要求,认真处理人民来信来访。

(十)承办上级人民政府交办的其他工作。

第三章　组织机构

第七条　街道办事处设主任 1 人、副主任 2 至 3 人,主任负责全面工作,副主任协助主任工作。

第八条　街道办事处根据工作需要,可设立一室三科:

行政办公室:负责文书、档案、计划生育、机关后勤服务等工作。

城市管理科:负责城市维护管理、爱国卫生、环境保护、绿化、市容管理、房地产管理、旧城改造等工作。

街政管理科:负责居委会建设、民政优抚、社区服务、司法调解、律师公证等工作。

经济管理科:负责街道商业、劳动服务、民政企业等工作,以及财税、工商管理、物价监督的统筹、协调、服务、监督工作。

第四章　工作制度

第九条　街道办事处实行主任负责制,行使行政职权,并建立主任办公会议制度,吸收部门负责人参加,对重大事项,经过集体讨论,明确工作要求,确定步骤和方法,分管主任具体实施,有关部门协作配合,使街道工作逐步规范化、科学化、制度化。

第十条　街道办事处每年要召开一次居民代表会议,向居民代表报告工作,接受居民监督,调动社会各方面的积极性,搞好街道各项工作。

第十一条　街道办事处可根据工作需要,定期召开居委会主任会议,研究工作,交流经验。

第十二条　街道办事处应建立岗位责任制,全面实行工作目标管理和干部考核、奖惩制,并建立必要的接待群众制度,及时办理居民迫切需要解决的问题。

第五章　工作关系

第十三条　街道办事处对市或区政府布置下达的任务,必须认真负责地贯彻实施,并主动及时向上级领导机关报告实施情况。

第十四条　街道办事处对区属业务部门派出的公安派出所、财税所、工商管理所、房地产管理站、环境卫生管理站、物价监督站、卫生消毒站、市容监察、绿化养护、窨井窨缸维修队,实行双重领导,条块结合,以块为主,地区性、社会性工作,街道有权进行统筹、协调、监督、检查。必要时,也可会同有关部门统一研究、安排,并组织贯彻实施。

第十五条　街道办事处应负责对居委会工作的指导,属于街道办事处自行办理的行政业务,不应下交居委会承办。区政府所属工作部门属于本身的行政业务,不可下交街道办事处承办,如确需街道办事处协助的,应报经区人民政府同意,统一布置下达。非经同意,不得直接向街道办事处布置任务。

第六章　工作作风和工作方法

第十六条　街道办事处的干部必须树立全心全意为人民服务的思想,热爱街道工作,发扬锐意进取、艰苦奋斗、开拓前进、献身四化的革命精神,积极负责地完成各项任务。

第十七条　街道办事处干部必须贯彻执行群众路线的工作方法,虚心倾听群众的意见和要求,集中群众的智慧和力量,经常深入居委会指导工作,了解情况,抓好典型,总结经验,改进工作。

第十八条　街道办事处必须妥善处理中心工作和经常工作的关系,统筹兼顾,全面安排,有计划、有步骤地开展各项工作,在工作中必须坚持实事求是的原则,深入实际、深入群众,加强调查研究,切实有效地搞好各项工作。

第十九条　街道办事处干部必须善于把行政业务工作和思想政治工作密切结合起来,通过实际工作和加强学习,提高思想政治水平和政策业务水平。

第七章　附　　则

第二十条　本规定自1988年7月1日起执行,国家或上级正式条例下达后,即行废止。

杭州市上城区人民政府关于城市居民委员会工作暂行规定

第一条　为了加强城市居民委员会的建设,充分发挥居委会在两个文明建设中的作用,根据《中华人民共和国宪法》第一百一十一条的规定和国务院有关文件精神,结合本区具体情况,制订本暂行规定。

第二条　居民委员会是居民自己组织起来,进行自我教育、自我管理、自我建设、自我服务的群众性自治组织,在街道办事处指导下进行工作。

第三条　居委会是党和政府联系群众的桥梁和纽带,是社会主义物质文明和精神文明建设的一支重要力量。

在新的历史时期,加强居委会建设,充分发挥居委会的作用,对贯彻落实党的路线、方针、政策,发展安定团结的政治局面,建设高度的社会主义民主,促进两个文明建设,具有重要意义。

第四条　居民委员会应在坚持四项基本原则的基础上,组织和动员居民协助、配合当地政府做好城市管理和服务工作,把本居住地区建设成为安定团结、环境整洁、有利生产、方便生活的文明地区。

第五条　居民委员会的任务

(一)向居民宣传党的方针、政策和国家法律、法令,动员居民响应政府发出的各项号召,对居民进行社会主义法治、道德和纪律教育,进行"五爱"和"四有"教育。

(二)发动居民积极开展创建文明居委会、文明楼群、五好家庭等活动,会同本居住地区的机关、团体、部队、学校、企业、事业单位共建社会主义精神文明。

(三)积极兴办群众文化活动场所,活跃居民的精神文化生活。

(四)开展群众性的治安保卫工作,协助公安、司法机关严厉打击各种犯罪活动,维护社会治安和社会秩序,做好综合治理工作,搞好对轻微违法人员的帮教工作。积极做好人民调解工作,调解居民之间的纠纷。

(五)协助做好计划生育工作,配合有关部门搞好预防保健工作。

(六)动员居民和本居住区域单位开展爱国卫生运动和植树绿化活动。

(七)协助做好拥军优属、社会救济、社会福利工作,搞好社区服务。

(八)发动群众,兴办便民、利民的生产、生活服务事业。

(九)及时向人民政府或有关部门反映居民的意见、要求和提出的建议,组织居民参加社会事务的民主管理,行使当家做主的权利。

(十)办理本居住地区的其他公共事务。

第六条　居民委员会按照居民的居住状况、地理条件、人口多少、方便居民的原则设立,一般以 500 至 700 户为宜。

居民委员会的设立、调整和撤并,由街道办事处提出,报区人民政府批准。

第七条　居委会主任、副主任、委员均由居民选举产生,一般由 7 至 17 人组成,设主任 1 人,副主任 4 至 5 人。

居委会根据工作需要,可设人民调解、治安保卫、民政福利、爱国卫生等工作委员会和妇女代表会。各工作委员会由 3 至 5 人组成,设主任 1 人、副主任 1 至 2 人,工作委员会主任由居委会副主任或委员兼任。

第八条　居委会为方便于活动和进行工作,可以下设若干居民小组,居民小组一般为 30 到 50 户左右,由居民推选组长 1 人,副组长 1 至 2 人。

第九条　居委会每届任期两年,可连选连任,其成员在任期内因故不能担任职务的时候,可以随时改选或补选。

居民对于违法乱纪或者严重失职的居委会主任、副主任和委员有权依法罢免。

第十条　居委会的主任、副主任、委员应由能坚持四项基本原则,能联系群众、愿为居民服务,作风正派,办事公道,身体较好,具有一定的组织管理能力和文化水平,深得居民信任的人担任。

第十一条　居委会区域范围内的机关、团体、学校、部队、企业事业单位,可以不参加居委会,但应当派代表出席所在地的居委会召集的有关会议,支持和配合居委会工作,遵守居委会有关决议和公民公约。

上述单位的集体宿舍,应设立宿舍管理委员会,在当地居委会和本单位的指导下进行工作。

第十二条　居委会应建立和健全工作、学习制度,定期召开主任、副主任、委员会议,各工作委员会委员会议及居民小组长联席会议,定期向居民报告工作。

第十三条　居委会实行民主集中制的组织原则,实行集体领导和分工负责制,对涉及居民利益的重大事项,必须走群众路线,充分发扬民主精神。

居民应当执行居委会有关公共利益的决议,遵守居民公约。

第十四条　居委会具有自治权,除街道办事处外,任何机关、团体、部队、学校、企业、事业单位不得直接向居委会布置任务或索取书面材料、证明和各种报表。确需居委会协助或配合办理的,应经政府或街道办事处同意。属于区属部门或街道自行办理的工作,应直接办理,不得下交居委会承办。区属有关工作部门,可以对居委会有关的工作委员会进行业务指导。

对居委会办的集体企业事业在行政上有管理权,经济上有支配权,属于居委会职权范围内的工作有自主权。

第十五条　居委会的办公费和居委会主任、副主任的生活补贴费,以及无固定收入、年老体弱不能继续担任居民主任、副主任的生活补助费的标准,仍按杭革〔1981〕212号和市委办〔1986〕6号文件规定执行。

单位宿舍管理委员会经费,由本单位解决。

第十六条　居委会办理本居住地区公共福利事项所需的费用,经居民委员会讨论,并经区人民政府或其他的派出机关同意,可以按照自愿原则向居民和居住地区的企业事业单位筹募。收支账目应及时公布,接受居民监督。

第十七条　本暂行规定自1988年7月1日起执行,国家或上级正式条例下达后,即行废止。

【由杭州市上城区档案馆提供】

山东省淄博市临淄区蜂山居委会
迎风里分委居民管理采用一楼（院）一长制①

7月8日,蜂山生活区居民委员会迎风里分委第一次召开了由13人组成的楼（院）长会议。这13个人是自愿义务为居民服务的。

这个居民分委会是整个蜂山居委会的一个缩影,430户居民来自20多个二级单位,绝大多数都是双职工,生活区形成近十年来,由于没有居委会,居民没有组织起来,形成了"关上门,朝天过,谁也不管谁"的局面,甚至一个楼上住了好几年还互不认识,更谈不上互相帮助了,给居民管理和社会治安保卫工作带来极大困难。为了改变这种局面,刚刚组建不久的迎风里居委会学习正规城市居民管理先进经验,在整个蜂山居委会3个分委会中率先把居民组织起来施行一楼（院）一长制,开始走自己管理自己的路。这些义务楼（院）长的责任是:组织全楼（院）居民搞好治安保卫工作,防止盗窃事故发生;提高警惕,防止火患;搞好家庭卫生和楼道的公共卫生;搞好邻里之间的团结友爱,促进家庭和睦,教育好下一代并带领大家积极参加居委会组织的各项活动。迎风里分委的一楼（院）一长制的施行经验,将对居民管理工作起指导作用。

【选自《齐鲁石化报》1988年7月18日】

---

① 原文标题为《组织起来 走自己管理自己的路 蜂山居委会 迎风里分委居民管理采用一楼（院）一长》。

广州市人民政府关于加强街道居民委员会建设的决定

穗府〔1988〕68 号

各区、县人民政府,市府直属各单位:

为了进一步加强街道居民委员会的建设,充分发挥居民委员会在城市两个文明建设中的作用,根据《中华人民共和国宪法》第一百一十一条规定和国务院及民政部的有关指导精神,结合我市的实际,对新的历史时期居民委员会建设的若干问题,作如下决定:

一、居民委员会的地位、作用和任务

居民委员会是城市基层群众性自治组织,是党和政府联系群众的桥梁和纽带,是社会主义物质文明和精神文明建设的一支重要力量。在新的历史时期,进一步加强居民委员会的建设,充分发挥居民委员会的作用,对于贯彻落实党和政府的方针、政策,发展安定团结的政治局面,建设高度的社会主义民主,保证城市改革和开放的顺利进行,促进城市社会主义物质文明和精神文明建设都具有重要的意义,各级政府和各有关部门,要正确认识居民委员会的地位和作用,重视加强居民委员会的建设,指导和支持居民委员会做好工作。

居民委员会的任务主要是:办理本居住地区的公共事务和公益事业,兴办便民、利民的生产和生活服务业,调解民间纠纷,协助维护社会治安,向人民政府反映群众的意见、要求和提出建议,开展社会主义精神文明建设活动,把本居住区建设成为文明、安定、优美的居住区。

二、提高居民委员会干部队伍的素质

目前,我市居民委员会干部队伍年龄结构不够合理,文化低,年龄大的情况比较突出,与当前形势和工作任务的要求不相适应。要通过定期选举和居民会议补选,不断调整居民委员会干部队伍,逐步使居民委员会干部实现年轻化和知识化。今明两年内,每个居民委员会要配备 1 至 2 名政治素质好、高中以上文化水平、45 岁以下的人员从事居民委员会专职工作。要广开居民委员会干部的来源:一是由街道办事处从街道企事业单位中选派政治、文化素质好，又热心于居民委员会工作的中青年职工挂职到居民委员会工作；二是从社会上公开招聘年纪轻、有文化的待业人员担任居民委员会干部，实行合同制，先试用 1 年，胜任者留用；三是聘用身体好、能坚持工作的离退休人员。

三、切实解决居民委员会的办公经费和人员的福利待遇问题

居民委员会经费补贴标准和资金来源现在不够统一，有些居民委员会由于经费不足，影响工作开展和干部的积极性。今后，居民委员会办公经费、干部工资、生活补贴及其退出居民委员会后的养老金，原则上由区、县自行解决。

提高居民委员会经费补贴标准，各区、县可根据实际情况自行制订。要求：东山、荔湾、海珠、越秀区每个居民委员会每月不少于 350 元；黄埔、天河、芳村、白云区每个居民委员会每月不少于 300 元；各县城镇的居民委员会每月每个不少于 250 元。资金来源按现有财政渠道不变。居民委员会专职干部的福利待遇，可参照街道干部的福利待遇标准。居委会也要通过办经济，解决经费不足的问题。

四、认真解决好居民委员会办公用房

居民委员会无办公用房直接影响到工作的开展。要采取多种渠道、统筹安排的办法解决。房管部门的自然空房，由区政府责成区房管部门，优先安排给予居民委员会作办公用房。家属委员会的用房由厂矿、企事业单位解决。区街、乡镇企业、事业单位占用了居民委员会办公用房的，要无条件一律退回。新开发的住宅区和改建的旧城小区，居民委员会办公用房，按照市政府颁布的《广州市城市规划管理办法实施细则》的规定，由规划部门列为配套设施解决。因扩建道路、征用改建占用居民委员会办公用房的，由扩建、征用单位参照上述办法负责解决。居民委员会辖区内的机关和企事业单位，有条件的也应该帮助居民委员会解决办公用房。对租用公房办公纳租有困难的居委会，经区房管部门批准，可免收或减收其租金。

五、积极扶持居民委员会办经济

居民委员会办经济不仅可以为国家创造财富，方便居民生活，而且可以补充居民委员会干部生活补贴和办公费用的不足，为居民区的精神文明建设提供物质基础。各部门、各单位应从场地、人力、物力、财力和技术上给予扶持和保护。各居民委员会要注意从实际出发，根据自己的特点，利用自己的优势，

发动群众,动员社会力量,兴办便民、利民的生产和生活服务业。有条件的居民委员会下属企业,还可与外商合资、合作办企业,开展"三来一补"业务,发展外向型经济。居民委员会办的福利事业享受民政工业待遇,其他工商企业享受乡镇企业优惠政策,财政、税务、公安、城建等部门要给予支持。居民委员会办经济要按照工商法规办事,其所得的收入,主要用于自身建设以及兴办社会福利事业。任何单位不得无偿上调或占用居民委员会的资金和设施。居民委员会要建立健全经济管理制度,确保所得利润用于居民委员会的建设。

六、加强对居民委员会工作的领导和指导

各区、县政府和街道办事处,要把居民委员会的建设和工作纳入议事日程,加强领导,指定一名领导同志负责抓居民委员会的工作。街道办事处负有直接指导居民委员会工作的职责,除指定领导抓居民委员会工作外,还要配备1至2名专职干部负责居民委员会的日常工作。要经常深入调查研究,听取他们的意见,及时解决存在问题。帮助他们开展工作。各有关部门和居民委员会辖内的机关、团体、企事业单位,要积极支持居民委员会的工作,进一步开展共建文明居民委员会活动。民政部门是负责城乡基层政权建设日常工作的部门,要及时总结交流经验、表彰先进,搞好居民委员会主任的培训,调查和研究居民委员会建设中的情况和问题,提出改进意见,指导居民委员会的组织建设和制度建设,当好各级政府的参谋和助手。居民委员会要发扬自我教育、自我管理、自我建设、自我服务的精神,进一步加强居民委员会本身的组织建设和制度建设,把居民委员会建设成为有活力、有威望的基层群众性自治组织。

广州市人民政府

1988 年 7 月 22 日

【选自《广州政报》1988 年第 8 期】

杭州市关于开展创文明街道和
先进居民委员会活动的通知①

杭政办发〔1988〕77 号

各区人民政府,市政府直属有关单位:

为了促进街道和居民委员会的建设,充分发挥街道、居民委员会在城市两个文明建设中的作用,根据中共中央、国务院中发〔1986〕22 号文件和国务院国发〔1987〕56 号文件精神,市政府决定从 1988 年开始,开展争创文明街道和先进居民委员会的活动,现将有关事项通知如下:

一、文明街道、先进居民委员会荣誉称号分市、区两个等级。

二、文明街道、先进居民委员会审批机关:

1.市级文明街道、先进居民委员会,由市民政局负责审批并授予荣誉称号,报市人民政府备案。

2.区级文明街道、先进居民委员会,由区民政局负责审批并授予荣誉称号,报区人民政府备案。

三、文明街道、先进居民委员会评比表彰时间:

1.区每年评比表彰一次。

2.市每两年评比表彰一次。

四、文明街道、先进居民委员会的评选活动采用平时考核和年终评比相结合,自下而上地进行评选的办法;在区评选出文明街道和先进居民委员会的基础上,推荐市级文明街道和先进居民委员会。文明街道和先进居民委员会的奖励,实行荣誉奖励和物质奖励相结合的办法,以荣誉奖励为主。

负责这项活动日常工作的民政部门,要掌握文明街道和先进居民委员会的基本情况,建立健全文明街道和先进居民委员会档案。市、区各有关部门要积极配合,共同做好这项工作。

各区人民政府,可结合本地实际,制订具体办法。

---

① 原文标题为《关于开展创文明街道和先进居民委员会活动的通知》。

附:《市级文明街道和先进居民委员会评比条件》

杭州市人民政府办公室

1988 年 9 月 27 日

附:

市级文明街道和先进居民委员会评比条件

一、文明街道条件

1.认真贯彻执行党在社会主义初级阶段的基本路线、方针、政策和国家各项法律、法规,坚持四项基本原则,坚持改革开放。

2.努力搞好街道自身建设。领导班子党风正、作风好,团结一致,富于开拓精神,干部廉洁奉公,密切联系群众,各项制度健全,效果显著,行政工作任务完成出色。

3.精神文明建设成绩突出。积极兴办群众文化、体育、教育事业,开展有益的群众文体活动;广泛开展各种形式的文明共建活动,厂街、军民、警民关系融洽;积极组织创建"五好"居民区、"五好"墙门(楼群)、"五好"家庭和辖区企事业单位文明建设的活动;社会治安综合治理好,无重大刑事案件发生,各类案件、民事纠纷逐年减少,基本上无封建迷信活动、无赌博现象。响应国家号召,实行计划生育好;街容巷貌、庭院楼群、单户住宅清洁整齐;婚事新办,丧事简办,拥军优属,尊老爱幼,扶残济贫,爱护公物,维护公德,社会风气好。

4.社区服务成效显著。社区服务组织健全、制度完备、设施良好、活动多样;大力发展街道和居委会经济,努力推进辖区单位服务设施社会化,积极举办便民、利民的生产生活服务事业,因地制宜,逐步完善为老年人、残疾人、精神病患者、优抚对象、青少年教育、文化体育活动、利民、便民等各项服务网络,广泛开展社区服务,社会效益和经济效益不断提高。

5.有效地指导居委会的建设。有计划地组织居民干部进行政治和业务培训,提高居民干部的素质,认真指导居委会的组织建设和制度建设,使各个居委会能富有成效地开展工作,自治职能作用发挥好。

6.民主管理不断加强。建立健全街道居民代表会议制度和其他民主制度,组织居民参加社会事务的民主管理,提高广大居民群众参政、议政的积极性,使街道工作有更加广泛的群众基础,更好地为居民服务。

二、先进居委会条件

1.思想政治工作好。坚持四项基本原则,积极宣传党和政府的方针、政策,教育居民遵守国家的宪法、法律、法规,自觉履行法律规定的公民义务,自觉遵守《杭州市民文明公约》,及时向人民政府反映居民的意见、要求和提出建议。

2.居委会自身建设好。居委会组织健全,各项制度落实;居委会干部热爱居委会工作,办事公道,热心为居民服务;居委会自我教育、自我管理、自我服务、自我建设的自治作用得到较好发挥。

3.促进安定团结好。组织和依靠群众,落实各项"综合治理"措施,协助有关部门维护社会秩序,预防犯罪,主动耐心地调处各种民事纠纷,促进邻里团结、家庭和睦、里弄安宁。

4.里弄文明整洁好。组织居民积极开展创建文明楼(院)五好家庭活动,发动群众治脏、治乱、植树、绿化、消灭四害,教育群众养成卫生习惯,保持里弄、庭院和家庭清洁卫生,居委会基本上达到洁、齐、美的要求。

5.开展社区服务好。依靠群众,广开门路,因地制宜,自力更生,积极开展社区服务,努力兴办便民、利民的生产生活服务事业,切实协助做好拥军优属、社会救济、社会福利等工作。

6.破旧俗立新风好。积极协助做好计划生育工作,教育居民自觉做到晚婚、晚育、优生、优育,积极宣传提倡艰苦奋斗,勤俭持家,婚事新办,丧事简办,反对铺张浪费,制止迷信、赌博活动。

【由杭州市上城区档案馆提供】

民政部副部长张德江谈城市社区服务①

　　近年来,我国城市的社区服务事业有了较快的发展。日前,记者特地访问了民政部副部长张德江,请他就这方面的情况和经验作些介绍。

应运而生　趁势而长

　　"社区服务"在我国是新近才使用的一个名词。人们通常把一个村庄、一个城市或城市中的某一街区界定为一个社区。"社区服务",作为社会福利工作的一个特定概念,一般是指在社区内为人们的物质生活和精神生活所提供的各种社会福利和社会服务。

　　张德江介绍说,现代社区服务,是伴随着经济的发展和社会的进步而产生与发展起来的,是工业化、城市化、社会化大生产和社会分工专业化的产物。在我国,随着商品生产迅速发展,我们的社会生活也面临世界各国在工业化发展进程中所曾出现的各类问题。一是城镇人口(包括镇的人口,以及进城镇居住的农民)迅速增加。1949 年我国城镇人口只有 5765 万,占总人口的10.6％,1986 年达到 4.3753 亿,占 42.4％。二是人口老龄化趋势加快。1986年全国 60 岁以上的老人已有 8700 多万,占总人口 8.3％。据社会学家预测,到 1995 年,60 岁以上人口将占 10％。其中城市 60 岁以上人口在 1986 年已达 10％,至 1995 年将超过 12％。上海市 1986 年已经达到 13.8％。现在全国城镇退休职工有 1800 万人。三是家庭逐步小型化。在北京等城市四世同堂几乎见不到,基本上是三四口人的小家庭。1982 年全国户均人口 4.14 人,1986 年下降到 3.82 人。如果城市里住房紧张状况能缓和的话,家庭小型化的趋势还会发展得更快一些,因为住房紧张,子女结婚后不得不同父母住在一起。现在,不但子女结婚后不愿同父母住在一起,而且老人也不愿同子女住在一起。过去老人一退休要当家庭保姆,现在退休后自己还要请小保姆。他们

---

　　①　原文标题为《一项方便亿万人的事业——民政部副部长张德江谈城市社区服务》。

已不愿守在家里给子女当保姆看孩子,他们有自己的乐趣,自己的活动,这使得家庭保障功能发生了很大变化。四是家庭就业人数增长。1957年城市户均就业人数为1.33人,1985年已上升到2.2人。五是消费水平有了较大提高。1982年城市人均消费为471元,1987年上升为916元,扣除物价上涨的因素,也仍然有很大的提高。六是城市生活节奏加快,料理家务的时间和精力减少。总之,城市化、寿命延长、生育下降、人口老龄化、核心家庭和老年家庭增加、居住形式以及人际关系的变化等,一方面带来了老年人问题、残疾人问题、精神病问题、保护妇女儿童问题、教育青少年问题、失业和贫困救济问题、不健全家庭问题以及预防犯罪等一系列问题。另一方面,随着消费水平的提高,人们的要求也不断增长,对业余文化、体育、社交、旅游以及饮食、商业、卫生、家庭服务等各方面不断出现新的需求。社会生活需求与供给的矛盾日益突出。由于我国目前的社会服务还不健全,社会保障中还存在明显的不足和空档,居民在生活中遇到的诸多困难和不便,迫切需要社区服务来补充。正是为了适应这种需要,我国城市以街道居委会为依托的社区服务发展起来,不少城市已初步建立起初级水平的社区服务体系。

由少到多　逐步提高

张德江介绍说,我国目前城市对象区分一般有以下几个系列:

一、老人服务系列

由于家庭保障功能的削弱,许多老人得不到照顾。为适应这种情况,在不少城市出现了各种老人服务设施,包括敬老院、老人公寓、老人服务站、老人医院、老人康复站、老人活动中心、老人包护组以及老人婚姻介绍所等。

二、残疾人服务系列

由于家庭无人照顾,有些残疾人流浪街头,有的被关锁在家中,一些双职工家庭为此十分烦恼,无法安心工作。适应照顾残病人需要建设的服务设施有福利工厂、残疾人职业培训班、残疾人活动站、残疾儿童寄托所、残疾人康复站、残疾人婚姻介绍所等。

三、精神病人服务系列

主要有精神卫生工疗站。这些工疗站收治精神病人和精神发育不全的呆傻痴人员,在站里受到工序(疗)、娱疗、药疗和教疗的"四疗"服务,还有一定经济收入。对分散在家的精神病人,也组织精神病监护组予以监护。

四、护贫救济服务系列

除对救济对象送救济款上门,提供治病医疗便利外,对全家不在业、单位靠不上、民政管不了的特殊困难户,街道成立扶贫小组予以扶持,为他们开辟脱贫致富的门路。

五、拥军优属服务系列

有拥军优属小分队、烈军属保护服务组、军人家庭服务站,开展军民共建活动,培育两用人才。

六、儿童和青少年服务系列

设立托儿所、幼儿园,解决入托难的问题,设立文化活动中心、图书馆、录像室,活跃青少年文化生活,为低年级学生放学后就近复习功课提供场所。

七、便民利民服务系列

包括兴办酱酒、食品、饮食、百杂、废品收购、开水站等小店,解决挂钥匙小学生吃午饭难的问题,兴办起家务劳动服务站,保姆介绍所,代送牛奶、代送病人、代倒便桶、代管自行车、代收房租水电煤气费等。

此外,有的地方还办起婚丧服务系列、社会治安综合服务系列等。北京市,1986年制订了《发展社会福利网络三年规划》(简称《规划》),提出建立具有首都特点的社会福利保障、服务保障体系。至1987年,全市97个街道中已有55个街道初步达到了《规划》的基本要求。全市有大的福利网点781个,还有区、街道、居委会的各种便民服务点17388个。武汉市也在几年内初步形成了以街道居委会为依托,以兴办小型福利服务设施为主要形式的社区服务网络。

张德江分析了一些城市发展社区服务的基本经验:一是从社区居民实际需要出发,因地制宜,灵活多样地开展服务活动。开办项目从群众最急需又可能办到的事开始。服务对象从老、残、幼、优抚对象入手,面向社会,逐步扩大。

服务标准由低到高,逐步改善。服务网点由少到多,逐步形成服务系列。二是坚持社区服务社会办,依靠社区内部各方面的力量,依靠群众,自我组织、自我管理、自我服务。所需资金,主要是通过基层自筹和社会集资解决。三是以街道为主体,以居委会为依托,建立社区服务管理机构,协调各部门齐抓共管。四是发挥国家办的社会福利事业单位的示范作用、辐射作用和多功能作用。

【选自《瞭望》1988 年第 23 期】

杭州市上城区一个社区的十大服务网络①

　　杭州市上城区是行政、商业旅游中心,下辖 7 个街道办事处、127 个居民委员会,常住人口 22.7 万余人,每天流动人口 20～30 万人,外宾常年不断,是对外开放的一个重要窗口地区。几年来,这个区从需要与可能出发,充分利用原有的基础,补齐填缺,逐步建起以街道、居委会为依托,区、街道、居委会三个层次的社区服务事业,现在已基本形成了十大服务网络。

　　第一,拥军优属服务网络。这几年,他们全面推行了城站街道"定服务对象、定服务项目、定服务人员、定服务时间"的"四定"一条龙服务组织,形成了一套比较完整的工作制度和落实措施。每一个军烈属、残疾军人和离休军队干部都受到了不同程度的优待、帮助、照顾、服务。参加服务的单位,已从原来以街道、居委会为主,逐步发展到辖区范围内的机关、企事业单位。参加服务人员,从共产党员、共青团员和居民干部,发展到民主党派人士、侨眷、台属、个体户等社会各个阶层。据不完全统计,参加服务的单位共 280 多个,服务人员2000 余人;服务项目,从帮助解决一般生活困难,发展到多方协作、解决住房困难等大问题。

　　第二,退伍安置服务网络。这几年这个区累计安置复退军人就业 2000 余人,做到回来一个就安置一个。他(她)们分别被安置到商业、工业、铁路、电力、公安等 20 多个系统的几百家企事业、机关单位工作。为了保证安置工作落实,他们从 1984 年起,实行安置政策、分配指标、分配方案三公开,做到本人、家长、单位三满意。因此就业后,他们大多能兢兢业业工作。据不完全统计,有 50% 左右的复退军人被评为先进工作者。

　　第三,军民共建服务网络。主要任务是共建城市文明窗口,共育军地两用人才。全区自 1981 年开展军民共建活动,到目前有共建点 240 余个,为部队培养了军地两用人才 500 余人;开展了十个方面内容的共建活动,军地双方共受其益。

---

　　①　原文标题为《一个社区的十大服务网络》。

第四，安置残疾人服务网络。区、街道办的 13 家福利工厂是安置残疾人就业的主要地方，现有职工 800 余人，其中残疾人 300 名。凡有一定劳动能力的残疾人都得到了安置，人均月收入 100 元左右。残疾人学会了一种或几种生产技术，有了经济收入，提高了在家庭中的地位和社会地位。有的建立了美满幸福的家庭，有的当上了厂长、经理、车间主任，真正成了家庭、企业的主人。有两个街道还创办了康复中心和残疾儿童寄托班。

第五，精神卫生服务网络。7 个街道从 1978 年起先后都办了精神病人工疗站，现收治病人 142 人。127 个居委会，建立了精神病人家访小组 611 个，1500 名家访医生、居民干部、群众和家属参加看护管理 675 名病人。辖区内省属工厂企业建立了 55 个精神病人监护小组。区教育局创办了弱智儿童小学一所。目前全区基本形成了区、街道、居委会、工厂企业四级精神卫生工作防治网络。这个网络的建立，造福病人和家庭，同时大大促进了社会治安的综合治理。

第六，老人服务网络。据 1986 年底统计，全区共有男 60 周岁、女 55 周岁以上老人 31000 人，占总人口 13%。其中退休工人 26000 人，孤老四五百人。在为老人服务方面，已建成的 6 个街道敬老院，收了孤寡老人，建立了 95 个综合包户小组。每个街道都建立了退休工人管理委员会、退休工人茶室。多数居民区建立了老少文化室。有的还建立了老人活动中心，供老人聚会和游乐。

第七，幼儿服务网络。这个区目前已基本解决了幼儿入托难的问题。现全区已办幼儿园 59 所，入托幼儿 7349 人。此外，还有相当数量的个人寄养。

第八，家务劳动服务网络。这个网络，自 1984 年兴起，现已成为社会服务中门类齐全的一个新兴事业。全区共有街道、居委会办的家务劳动服务站 123 个。服务项目达 120 多项。参加服务的居民、退休职工、个体户，在职工人等 1254 人。这种服务，收费低廉，解除了居民烦琐的家务劳动，深受欢迎。

第九，群众文化服务网络。建有群众文化宫、少年宫、工人俱乐部各一个。7 个街道建有文化站，110 个居委会办有文化室。还有遍布全区街街巷巷众多的黑板报、阅报栏、宣传窗等。宫、站、室是区、街、居委会开展各项群众文化的驻点。通过驻点，常年组织辖区群众开展了读书看报、讲书演讲、知识竞赛、书法、美术比赛；戏曲歌唱比赛、家庭音乐会、文艺会演；桥牌、象棋、围棋、游泳、乒乓、高尔夫球、射击等体育比赛和花卉盆景、书市邮市、摄影展览等活动。这些开放式社区文化设施和活动，丰富了居民的文化生活，也是居民进行自我教育的有效形式。

　　第十，方便群众服务网点。街道、居民区从 1979 年以来，场地用挤一点、搭一点、买一点；资金用借一点、筹集一点、上级投资一点等办法，在全区的小街小巷、宅边路旁先后办起了酱酒食品、百杂土产、废品收购等网点 475 家，弥补了国营网点的不足，方便了居民群众的日常生活。

　　此外，有的街道建有方便居民治病打针的红十字医疗站室 38 个，区属 8 个卫生院所建有家庭床位 488 张，常年为病人上门服务。

【选自《瞭望》1988 年第 23 期】

1989

上海市街道居民代表会议实施办法(试行)

第一章 总 则

第一条 《上海市街道办事处工作暂行条例》第四章第十条规定："街道办事处每年要召开一次居民代表会议,向居民报告工作,接受居民监督,调动社会各方面的积极性,搞好街道各项工作。"为了使居民代表会议制度趋于完善,特制订本实施办法。

第二条 居民代表会议,要坚持四项基本原则,认真贯彻党在社会主义初级阶段基本路线,发扬社会主义民主,密切政府与居民群众的关系,调动一切积极因素,为把街道建设成为安定团结、环境整洁、方便生活、服务四化的文明地区而努力。

第二章 性质与任务

第三条 居民代表会议的性质。

居民代表会议,是街道辖区内各界人士代表参加的,对本街道社会性、地区性、群众性的重大事情进行共同协商的民主制度,是居民群众参政的一种组织活动。

第四条 居民代表会议的任务。

(1)听取和评议街道办事处工作报告和公安派出所、粮管所、房管所、工商行政管理所、环境卫生管理分所、地段医院、菜场(以下简称"五所一院一场")负责人工作汇报。

(2)听取街道办事处领导和"五所一院一场"负责人对上届居民代表会议代表所提意见和建议处理情况的汇报。

(3)讨论街道辖区内的政治、经济、文化、社会公共福利等重大事项。

(4)根据国家法律、法规,讨论和制订街道辖区内的街规民约。

(5)动员街道辖区内居民和机关、团体、企事业单位参加社会公益事业,监督和支持街道的各项工作。

第三章　　代表的组成和任期

第五条　居民代表名额。

居民代表的名额一般为街道辖区内总人口的 2‰至 3‰。

第六条　居民代表的构成。

(1)退休职工、离退休干部、个体和私营工商业者居民的代表。

(2)居民委员会干部中的代表。

(3)归侨、侨眷、台胞台属、宗教信仰者、少数民族、知识分子与爱国人士的代表。

(4)辖区内的中央、省、市、区属企事业单位的代表。

(5)街道办事处机关干部、"五所一院一场"、街道办事处下属企事业单位的代表。

(6)街道辖区内市、区人大代表和市、区政协委员以及各界知名人士可作为特邀代表。

第七条　居民代表条件。

(1)年满 18 周岁(含 18 周岁)以上,具有选举权和被选举权的公民,有一定的参政议政能力。

(2)热心和支持街道地区工作。

(3)能深入群众,听取和反映居民群众的要求和意见,并在群众中有一定威信。

(4)身体健康情况尚好,能正常参加活动。

第八条　居民代表的产生。

经居民小组或几个居民小组(单位)酝酿协商,推荐出居民代表候选人,由所在地区的居民委员会(单位)报送街道办事处审核。

第九条　居民代表的任期。

居民代表每届任期三年,可连任。代表在任期内因故不能担任代表时,由原推荐单位协商补充。

第四章　　会议制度

第十条　街道办事处一般应每年召开一次居民代表会议,必要时可提前或推迟举行。

第十一条　居民代表会议闭幕期间,街道办事处组织代表或代表小组负责人开展活动,对街道辖区内的工作进行检查监督。一般每年活动不少于两次。

第十二条　以居民委员会自治区域为单位,建立居民代表小组,定期开展活动,听取意见,交流情况。

第五章　附　则

第十三条　居民代表会议闭幕期间不设常务机构,在街道办事处主任领导下,由街道办事处办公室(秘书处)负责日常具体工作。

第十四条　本办法由上海市民政局负责解释。

第十五条　本办法自 1989 年 5 月 1 日起试行。

北京市将发展社区服务作为
城区政府的一项重要职能①

随着改革和经济社会事业的发展，一个新事物——社区服务，逐渐步入了社会生活，为越来越多的人们所理解、所接受，并已开始在西城区扎下根来。

社区服务是指在一定的区域范围内，由地方政府倡导和扶植，发动社会成员，开展互助性的服务活动，就地解决本社区的社会问题。我区的社区服务工作是从 1986 年 4 月起步的，三年来不断发展，上了三个台阶。1986 年提前完成了市民政局提出的三年规划指标，全区 10 个街道建立起了 1000 多个社区服务网点，基本上实现了网络化。1987 年在调整、巩固原有网点的同时，又建起一批能起示范作用的"窗口"单位，使社区服务设施在基本普及的基础上进一步提高。1988 年，有 6 个街道建立起了规模较大、设施较好、功能较全、综合性较强的社区服务中心，区里成立了"信任与安慰者协会"，从而使我区的社区服务工作更加发展和完善。到目前为止，全区已拥有各种社区服务设施 1700 多个，基本上形成了区、街、居委会三个层次，生活服务、文化娱乐、康复医疗和心量咨询四项内容，优抚对象、老年人、残疾人、青少年和部分社区群众五种对象的社区服务格局，为社区群众逐步走上自我建设、自我服务、自我管理、自我发展的道路提供了条件。

社区服务事业的发展，是民政部门、社会各界通力协助和支持，基层干部勤奋工作以及居民群众广泛参与的结果，区政府在这项工作上也投入了较多的精力。我们认为，加强社区管理，组织好社区生活，给辖区内居民创造更好的条件，提高人们的生活质量，最终提高人们的素质，应该成为社区政府最重要的工作职能之一。为此，我们十分注意解决各级领导的认识问题，强调把社区服务作为城区改革的配套项目，列入区政府、街道办事处的重要议事日程。在资金筹集、干部配备和机构设置上，也逐步创造有利于这项事业发展的条件。在街道经济体制改革中，我们把社区服务列为经济体制改革项目之一，积

---

① 原文标题为《发展社区服务是城区政府的一项重要职能》。

极扶植和发展街道、居委会举办的事业,充实社区财源,使社区服务有较充裕的物质基础。在城区政治体制改革中,我们给街道、居委会更多的自主权,使街道、居委会有条件在社区服务中起指导、组织、协调作用。各街道建立了社区服务协调委员会,充实了民政干部。目前,全区负责社区服务干部队伍已达200多人,比1986年增加了3倍。

社区服务涉及社会发展的诸多方面,除民政部门外,文化、卫生、教育、环境、劳动、规划、武装部等部门以及妇联、工会、老龄委、红十字会等组织都与社区服务关系密切。所以,区政府始终坚持社区服务社会办的原则,并注意做好各部门之间的组织协调工作。为了落实几个较大的项目,区政府先后十几次组织各部门负责人到现场选址,并排除障碍协商拍板。在资金筹集上,区政府除要求区财政给予支持外,还通过区政府协调、市区有关部门资助、街道自筹、社会单位捐助和个人赞助等方式广辟资金来源,仅1988年就筹集资金200万元,保证了总面积达4000多平方米的10个重点项目如期落成。

在我区的社区服务网络初具规模之后,怎样把社区服务的管理纳入规范化、制度化的轨道,是一个很重要的问题。在抓管理上,我们一是强调要建立一支专兼职相结合的社区工作者队伍,通过"信任与安慰者协会""社区康复协会"等组织,把关心和支持社区服务的社会工作者聚集起来,形成一股合力。二是强调各项社区服务设施要进一步向社会开放,以发挥更大的社会效益。为了保持社区服务设施的福利事业性质,区政府不准在其中安排与社区服务无关的领目,并且强调要以满足居民群众的福利需求为出发点。三是强调办社区服务要有经济意识,要把无偿服务和有偿服务结合起来,走自负盈亏、以业养业的道路。这是关系到社区服务能否经久不衰,能否彻底摆脱政府包揽状况的问题。例如,许多街道办敬老院,已开始收养企业退休的孤老。"德外社会福利保障一条街"先后开办了电器综合修理部、福利旅馆、福利餐馆,以其一部分经营收入,弥补了社区服务经费的不足。

在社区服务发展的实践中,社区服务这一新事物充分显示出它对社会发展的推动作用。这种作用是广泛的、具体的、明显的,主要表现在:

一是较好地解决了某些社会问题。在城区的现实生活中,老年人问题、残疾人问题、妇女儿童问题等诸多社会问题,如果单靠政府来管,一方面财力有限,难以承担;另一方面,社区情况千差万别,也不可能处处想得周到。而社区服务针对性强,需要什么办什么;自觉性强,居民自我服务、自我管理;经济性强,因地制宜、就地取材,花钱少、见效快。总之,它能更及时有效地解决本社区的问题。譬如,新街口街道办了一个残疾儿童寄托所,使9个家庭解除了忧愁;"东明聋儿康复中心"已累计收托儿童44人,均收到较好的康复效果,等等。全区千余个服务设施,在不同程度上满足了各种服务对象的不同需求,广大居民群众无不称赞社区服务,把它的作用归纳为八个字:帮急、救难、解危、送暖。

二是丰富了居民的精神生活。满足人们精神上的需求,改善基层社区文化环境,是社区服务的又一功能。阜外街道的社区服务中心"阜外轩",成立了书法、围棋、桥牌、台球等协会,举办诗词欣赏及老年人交谊舞会,使老年人既发挥了余热,又得到了享受。丰盛街道成立的残疾人乐队的25名成员,每周两次摇着轮椅从各处会集到一起排练,他们的演出曾多次获奖,充分展示了残疾人热爱生活、积极进取的精神风貌。

三是把诸多的社会矛盾消化在基层。去年我区成立了"信任与安慰者协会",这是一个民间的专门从事心理咨询的社会团体。协会设有老年人、妇女、青少年、社会行为和心理健康等咨询项目,为人们提供了一个排除心理障碍、解决心理矛盾的场所。协会组织了一些有声望、有社会经验的老同志从事这项服务,帮助前来咨询的人出主意,做疏导工作。到目前为止,协会已接待求助者600多人次,使他们抑郁而来,愉快而去,提高了对社会问题的心理承受能力,避免了矛盾激化。

四是协调了人际关系,促进了社会安定团结。社区服务作为一种纽带,可以把各种社会关系连接得更加紧密。比如,通过开展社区服务,街道和居委会同辖区内各单位互相支持、互相帮助,从而优化了社会群体之间的关系。又如,街道、居委会通过社区服务,关心居民生活,解决居民困难,增强了居民对政府及其基层组织的信任感、归属感和认同感。特别是在当前,随着企业制度、劳动制度等各项制度的改革和人们生活的日益社会化,人们对单位的依赖将会逐渐减少,这就需要通过社会化的途径找到一种新的凝聚模式,来满足人们必不可少的依附感。开展社区服务,通过居民互助与自我管理,不仅可以满足人们物质生活方面的需求,而且使人们在精神上有所寄托,培养和增进社区意识,这对社会的稳定具有深远的意义。

(本文作者系北京市西城区区长衣锡群)

【选自《前线》1989年第9期】

杭州市上城区街道办事处工作项目①

按市颁发的《街道办事处工作暂行规定》,街道办事处具体承担下列任务:

一、党性、党纪、党风教育和思想宣传

二、党员管理教育、组织人事

三、统一战线对外联谊

四、兵役登记、征兵

五、国防教育、民兵预备役部队训练

六、人民防空联防

七、离退休老干部管理

八、军警民共建和厂居共建

九、纪检、监察

十、工会基联会

十一、共青团及青年管理教育

十二、保护妇女合法权益及妇联工作

十三、群众文化

十四、增强群众体质、群众体育

十五、信息反馈和通讯报道

十六、人民代表换届选举及日常联络

十七、推进协助爱国储蓄

十八、财务管理和退休金发放

十九、干部选配、教育、管理

二十、老龄委及退休工人管理

二十一、文书档案管理、文件收发

二十二、接待处理人民来信来访

二十三、婚姻登记

---

①   原文标题为《街道办事处工作项目》。

二十四、计划生育管理教育

二十五、文明单位建设及创"五好"验收

二十六、民政优抚

二十七、拥军优属

二十八、社会救济、孤老五保

二十九、发动组织抗灾救灾

三十、残疾人安置管理

三十一、精神病患者管理和开展"三疗"

三十二、殡葬改革宣传和管理

三十三、法治宣传、人民调解及协助搞好公证、律师的工作

三十四、幼儿收托及青少年校外教育

三十五、社会治安保卫、交通、消防安全教育

三十六、对双劳解释人员和违法青少年的教育及安置工作

三十七、共用电话管理

三十八、组织便民、利民的社区服务

三十九、地区性红十字会及义务献血

四十、辖区的街巷里弄市容管理

四十一、辖区的除"四害"及环境卫生

四十二、辖区的食品、食堂卫生、井水消毒、健康教育、卫生防疫等

四十三、辖区的环境保护监督

四十四、辖区绿化计划的实施和管理

四十五、辖区的土地法宣传监督管理

四十六、居民区、住宅新村小区生活配套设施规划的实施和综合管理

四十七、征地动迁报批,项目基建审批

四十八、辖区内 3.5 米以下小街小巷修复管理、收费

四十九、辖区内自行车安全教育管理、审核、发证

五十、协助管理房地产

五十一、协助农贸市场管理

五十二、辖区内车站、码头、交通安全管理

五十三、对街道所属工厂的管理和指导

五十四、对街道所属商业企业的管理和指导

五十五、对街道所属的劳务企业管理和指导

五十六、对待业青年和社会闲散人员的调查登记培训安置工作

五十七、发放待业人员救济金

五十八、街企职工的教育、劳动保护、安全生产

五十九、搞好社会保障,开展人民保险工作

六十、上级交办的各种临时性、突击性任务

1989 年 9 月

【由杭州市上城区档案馆提供】

全国城市街道工作经验交流会纪要

一、会议的基本概况

适逢党的十三届五中全会召开之际,全国城市街道工作经验交流会于1989年11月10日至14日在浙江省杭州市上城区城站街道召开。参加这次会议的有来自全国19个省、市,27个城市的98位代表,有50人列席了会议。

这次会议是在街道自发组织和强烈要求的基础上,由民政部基层政权建设司城市处牵线搭桥,并与浙江省民政厅、杭州市民政局、杭州市上城区人民政府、城站街道联合召开的,浙江省人民政府、民政厅、杭州市人民政府、民政局、杭州市上城区委、区政府的有关领导给予了大力支持和帮助。城站街道办事处为会议的顺利召开做了大量的筹备工作和会务工作。民政部基层政权建设司白益华副司长、浙江省民政厅张林耕厅长、杭州市副市长张纪中同志、杭州市上城区区长叶德范同志出席了会议开幕式并发表了讲话。浙江省常务副省长许行贯同志因故未能参加开幕式,但当天晚上便赶到会议举办地表示祝贺,并做了重要指示。北京市朝阳区王笑儒副区长、上海市黄浦区陈志荣副区长、成都市西城区姜顺章副区长、重庆市市中区王洪华副区长出席了会议。浙江省电视台、杭州市电视台、《杭州日报》等新闻单位都对会议情况做了及时报道。

这次会议的指导思想是江泽民同志的国庆讲话和党的十三届四中、五中全会精神。会议的任务是:学习交流街道两个文明建设的先进经验,积极推进街道体制改革的探索工作,研究思考城市基层政权建设的立足点和生长点,把实际工作与理论研究结合起来,把职能部门的工作与街道工作结合起来,为大力加强街道建设,稳定城市基层做出贡献。

会议采取大会发言和分组讨论的方式,对在新形势下城市街道工作以及面临的新情况、新问题,对街道工作的任务和职能,对城市街道体制改革等问题进行了认真的交流和探索。大家总结过去,思考未来,从理论与实践结合的角度,对城市街道工作发表了意见,形成了街道实际工作者、理论工作者和各地各级领导共同探讨的新局面。大家畅所欲言,整个会议充满了相互学习、求实探索、改革创新的氛围,收到了预期效果,大会取得圆满成功。

会议就以下几个问题进行了认真的交流和热烈的讨论,取得了比较一致的看法。

二、近几年城市街道工作的主要经验

会议认为,街道工作是城市工作的一部分,街道工作的效果直接关系到城市的发展和基层的安定。一个有远见的领导者必然也必须重视城市街道工作。目前,必须提高对这一工作重要性的认识,增加社会共识,逐步提高城市街道的地位和作用。与会代表从不同的角度,介绍了城市街道工作所取得的成就和经验。这些经验都是从实践中总结出来并经过实践检验的,是极其宝贵的,对推动今后的街道工作,必将起到巨大的作用。

(一)必须坚持两个文明一起抓。大多数代表认为,街道工作必须紧紧围绕党和政府的中心任务,坚持物质文明和精神文明一起抓。二者互相依赖、互相促进。决不能一手软,一手硬,一手紧,一手松。凡是工作开展比较好的,有活力的,大都能正确认识和对待二者之间的关系,从而促进了街道各项工作的开展。

(二)不失时机地进行街道体制改革。根据中央 56 号文件和有关精神,全国绝大部分城市进行了向街道放权的工作,扩大了街道的管理权限,取得了比较明显的工作效果。与会代表一致认为,仅有简政放权是不够的,还必须不失时机地进一步深化街道体制改革。许多街道进行了大胆的探索,积极的实践,逐步加强和完善了街道职能,理顺了工作关系,使街道具有了同其所承担的任务相适应的财力和行政管理能力,初步建立了新的街道运行机制。实践证明,街道体制改革的方向是正确的,效果是好的。

(三)因地制宜发展街道经济。代表们一致认为,发展街道经济,使街道具有一定的经济实力,以便兴办各项事业,更好地为民服务,这是完全必要的。许多街道在这方面做出了显著的成效,这对改变街道面貌,搞活街道工作起到了良好的作用。但发展街道经济必须因地制宜,量力而行,不能因抓了经济而忽视或者削弱城市管理、社会服务、精神文明建设等工作的效果。

(四)大力加强基层政权和基层组织建设。从目前街道的实际情况看,主要做了以下三方面的工作。一是加强了街道组织的自身建设,主要是加强了街道党组织和街道办事处的建设,发挥了基层党组织的战斗堡垒作用,强化了行政管理系统。二是加强了居民委员会建设和对居民委员会的指导,发挥了居民委员会在城市基层社会生活中的自我教育、自我管理、自我服务的作用。三是普遍召开了居民代表会议。通过这一组织形式,增强了居民群众的民主意识和参政意识,加强了政府机关与人民群众的联系,提升了街道工作的效果。

与会代表一致认为,中央关于建设基层、加强基层、搞活基层的指导思想是正确的,实践也给予了充分证明。城市街道的重要地位和作用,在这次北京及各城市制止动乱、平息反革命暴乱的斗争中充分显示出来。街道对促进城市发展和基层安定的作用是不容忽视的,也是其他部门和组织所不能代替的。

(五)责权利不统一。与会代表普遍认为,目前街道的工作任务和职责,已大大超出了1954年《城市街道办事处组织条例》的规定,事实上承担着一级政府的任务和职能。但由于条块关系未理顺,许多事情责任在街道,但权力在区政府,加上有些部门只是放权不放利,因而使责任、权、利脱钩,进一步加重了街道的负担。街道的行为能力与其实际权力和地位极不相符,普遍存在着责任大、权力小、任务重的情况,对社会生活中存在的许多矛盾只能望洋兴叹,看得见,却管不了。

(六)机构设置不合理。目前,街道机构设置五花八门,极不统一。基层机构的设置,并不总是按照实际工作的需要,而往往取决于主管部门权力的大小和实际地位。这样,往往是该设机构的设不了,不该设置的却设置了,并且日益庞大。市区政府自然是"近水楼台先得月",机构和编制日益臃肿和扩大。相反,任务日益繁重,本该相应增加必要的机构和人员的街道办事处,其机构和人员编制问题却长期难以解决,造成了市、区、街干部结构"金字塔"状态,影响了街道干部的积极性,并使街道干部的来源日益枯竭。

三、如何解决街道工作所面临的新情况、新问题

街道工作出路何在? 如何解决街道工作中出现的新情况、新问题? 这是一个亟待研究和探讨的问题。与会代表一致认为,街道工作根本出路在于街道体制改革。不对现有的街道管理体制进行改革,就不能打破旧有的管理体制对工作的束缚;不改革,就无法建立新的社会运行机制,不能稳定城市基层;不改革,就无法增强街道活力和凝聚力,不能调动街道这一层次的积极性。总之,街道体制不改革,就无法解决街道工作中出现的一些新情况、新问题,街道体制改革势在必行。

如何改革? 朝着什么方向改革? 与会代表普遍认为,目前街道体制改革

必须从两方面着手。一方面是对前几年的改革进行反思和总结。用"治、整、改"的方针和十三届五中全会精神检验、检查。对实践证明是正确的要继续完善,对方向对头、条件具备的要坚决落实,对不符合实际情况和中央精神的要坚决纠正。另一方面是继续大胆地对街道体制改革进行研究和探索,更加积极、慎重、稳妥地推进这项工作。不能操之过急,也不能因治理整顿而停滞,要坚持两点论、坚持两手抓。

与会代表一致认为,街道体制改革必须有利于基层稳定,有利于增强街道活力,有利于发展生产力,有利于发扬社会主义民主。街道体制改革,是我国政治体制改革的重要组成部分。它是一项复杂系统工程,它的改革必须服从于我国政治体制改革的总目标、总进程,必须在我国现有法律允许的范围内进行,决不能违背法律,也决不能从一方面、一个角度考虑这个问题,而必须通盘运筹,因地制宜,总揽改革的全局,在实践中寻求一个可行的最佳方案。

关于街道体制改革的目标模式,许多代表认为,在现有的背景和条件下,街道体制改革不可能一步到位,必须分两步走,确定近期目标和长远目标。近期目标是,通过积极探索、大胆实践,建立起上下衔接、条块结合、责权统一、财力充足、功能健全、精于高效、运转灵活的街道管理体制。长远目标是,通过长期努力,完善配套,遵循一定立法程序,建立起街道一级党委、一级政府、一级财政新体制。在条件不成熟的情况下,只能进一步下放权力,理顺关系。逐步健全和完善街道职能,为使街道向一级政权过渡创造必要的条件。

许多同志建议:

(一)为了搞好街道工作和街道体制改革,必须加强对街道工作的理论研究,强化街道工作的舆论宣传和导向。提高街道的知名度,让社会各界都来关心和重视街道工作。在适当的时候,建立街道自己的理论宣传阵地。

(二)应把街道管理工作作为一门科学。设立专门的工作研究机构。为此,应尽快成立中国城市街道工作联谊会,加强街道实际工作者、职能部门工作者和理论宣传工作者的沟通和联系。

(三)加速研究和论证城市基层政权的立足点和生长点,进一步正确认识街道的实际地位、性质、作用,明确街道工作的任务和职能。

(四)尽快修改1954年颁布实施的《城市街道办事处组织条例》。把街道体制改革的积极成果,用法律形式固定下来。

(五)有计划地对街道干部进行培训或轮训,制订街道干部应具备的条件,不断提高街道干部的素质。

（六）建议民政部门积极主动地把街道工作抓起来,作为街道的代言人和日常工作的指导者,加强街道组织建设和制度建设。

（七）《城市居民委员会组织法》将颁布实施,各城市街道应努力做好贯彻、实施此法的准备工作,力争把居民委员会工作推向一个新台阶。

（八）会议号召从事街道工作的同志们要有志气、有信心,做好自己的本职工作,创造更加优异的成绩。

会议决定筹备成立中国城市街道工作联谊会,并确定了筹备组人选。

全国城市街道工作经验交流会秘书组

1989 年 11 月 13 日

【由杭州市上城区档案馆提供】

中华人民共和国城市居民委员会组织法

中华人民共和国主席令（七届第 21 号）

《中华人民共和国城市居民委员会组织法》已由中华人民共和国第七届全国人民代表大会常务委员会第十一次会议于 1989 年 12 月 26 日通过，现予公布，自 1990 年 1 月 1 日起施行。

中华人民共和国主席　　杨尚昆

1989 年 12 月 26 日

中华人民共和国城市居民委员会组织法

（1989 年 12 月 26 日第七届全国人民代表大会常务委员会第十一次会议通过 1989 年 12 月 26 日中华人民共和国主席令第二十一号公布自 1990 年 1 月 1 日起施行）

第一条　为了加强城市居民委员会的建设，由城市居民群众依法办理群众自己的事情，促进城市基层社会主义民主和城市社会主义物质文明、精神文明建设的发展，根据宪法，制订本法。

第二条　居民委员会是居民自我管理、自我教育、自我服务的基层群众性自治组织。

不设区的市、市辖区的人民政府或者它的派出机关对居民委员会的工作给予指导、支持和帮助。居民委员会协助不设区的市、市辖区的人民政府或者它的派出机关开展工作。

第三条　居民委员会的任务：

（一）宣传宪法、法律、法规和国家的政策，维护居民的合法权益，教育居民履行依法应尽的义务，爱护公共财产，开展多种形式的社会主义精神文明建设活动；

（二）办理本居住地区居民的公共事务和公益事业；

（三）调解民间纠纷；

（四）协助维护社会治安；

（五）协助人民政府或者它的派出机关做好与居民利益有关的公共卫生、计划生育、优抚救济、青少年教育等项工作；

（六）向人民政府或者它的派出机关反映居民的意见、要求和提出建议。

第四条　居民委员会应当开展便民利民的社区服务活动，可以兴办有关的服务事业。

居民委员会管理本居民委员会的财产，任何部门和单位不得侵犯居民委员会的财产所有权。

第五条　多民族居住地区的居民委员会，应当教育居民互相帮助，互相尊重，加强民族团结。

第六条　居民委员会根据居民居住状况，按照便于居民自治的原则，一般在 100 户至 700 户的范围内设立。

居民委员会的设立、撤销、规模调整，由不设区的市、市辖区的人民政府决定。

第七条　居民委员会由主任、副主任和委员共 5 至 9 人组成。多民族居住地区，居民委员会中应当有人数较少的民族的成员。

第八条　居民委员会主任、副主任和委员，由本居住地区全体有选举权的居民或者由每户派代表选举产生；根据居民意见，也可以由每个居民小组选举代表 2 至 3 人选举产生。居民委员会每届任期 3 年，其成员可以连选连任。

年满 18 周岁的本居住地区居民，不分民族、种族、性别、职业、家庭出身、宗教信仰、教育程度、财产状况、居住期限，都有选举权和被选举权；但是，依照法律被剥夺政治权利的人除外。

第九条　居民会议由 18 周岁以上的居民组成。

居民会议可以由全体 18 周岁以上的居民或者每户派代表参加，也可以由每个居民小组选举代表 2 至 3 人参加。

居民会议必须有全体 18 周岁以上的居民、户的代表或者居民小组选举的代表的过半数出席，才能举行。会议的决定，由出席人的过半数通过。

第十条　居民委员会向居民会议负责并报告工作。

居民会议由居民委员会召集和主持。有五分之一以上的 18 周岁以上的居民、五分之一以上的户或者三分之一以上的居民小组提议，应当召集居民会议。涉及全本居民利益的重要问题，居民委员会必须提请居民会议讨论决定。

居民会议有权撤换和补选居民委员会成员。

第十一条　居民委员会决定问题，采取少数服从多数的原则。

居民委员会进行工作,应当采取民主的方法,不得强迫命令。

第十二条　居民委员会成员应当遵守宪法、法律、法规和国家的政策,办事公道,热心为居民服务。

第十三条　居民委员会根据需要设人民调解、治安保卫、公共卫生等委员会。居民委员会成员可以兼任下属的委员会的成员。居民较少的居民委员会可以不设下属的委员会,由居民委员会的成员分工负责有关工作。

第十四条　居民委员会可以分设若干居民小组,小组长由居民小组推选。

第十五条　居民公约由居民会议讨论制订,报不设区的市、市辖区的人民政府或者它的派出机关备案,由居民委员会监督执行。居民应当遵守居民会议的决议和居民公约。

居民公约的内容不得与宪法、法律、法规和国家的政策相抵触。

第十六条　居民委员会办理本居住地区公益事业所需的费用,经居民会议讨论决定,可以根据自愿原则向居民筹集,也可以向本居住地区的受益单位筹集,但是必须经受益单位同意;收支账目应当及时公布,接受居民监督。

第十七条　居民委员会的工作经费和来源,居民委员会成员的生活补贴费的范围、标准和来源,由不设区的市、市辖区的人民政府或者上级人民政府规定并拨付;经居民会议同意,可以从居民委员会的经济收入中给予适当补助。

居民委员会的办公用房,由当地人民政府统筹解决。

第十八条　依照法律被剥夺政治权利的人编入居民小组,居民委员会应当对他们进行监督和教育。

第十九条　机关、团体、部队、企业事业组织,不参加所在地的居民委员会,但是应当支持所在地的居民委员会的工作。所在地的居民委员会讨论同这些单位有关的问题,需要他们参加会议时,他们应当派代表参加,并且遵守居民委员会的有关决定和居民公约。

前款所列单位的职工及家属、军人及随军家属,参加居住地区的居民委员会;其家属聚居区可以单独成立家属委员会,承担居民委员会的工作,在不设区的市、市辖区的人民政府或者它的派出机关和本单位的指导下进行工作。家属委员会的工作经费和家属委员会成员的生活补贴费、办公用房,由所属单位解决。

第二十条　市、市辖区的人民政府有关部门,需要居民委员会或者它的下属委员会协助进行的工作,应当经市、市辖区的人民政府或者它的派出机关同意并统一安排。市、市辖区的人民政府的有关部门,可以对居民委员会有关的下属委员会进行业务指导。

第二十一条　本法适用于乡、民族乡、镇的人民政府所在地设立的居民委员会。

第二十二条　省、自治区、直辖市的人民代表大会常务委员会可以根据本法制订实施办法。

第二十三条　本法自 1990 年 1 月 1 日起施行。1954 年 12 月 31 日全国人民代表大会常务委员会通过的《城市居民委员会组织条例》同时废止。

把城市居民委员会建设好

为适应当前城市形势发展的需要,第七届全国人大常委会第十一次会议通过颁布了《中华人民共和国城市居民委员会组织法》(简称《居委会组织法》)。此法的颁布施行,标志着我国城市居民委员会的建设进入一个新的历史发展阶段。

城市是我国经济、政治、科学、技术、文化教育的中心,在社会主义现代化建设中起着主导作用。居民委员会是我国政权肌体的细胞,是城市基层群众性自治组织,是党和政府联系广大居民群众的桥梁和纽带。把居民委员会建设好,对于团结、动员和带领广大居民群众,巩固和发展安定团结的政治局面,完成治理整顿和深化改革的任务,促进城市的社会主义物质文明和精神文明建设,把我国尽快建设成富强、民主、文明的社会主义现代化国家,具有十分重要的意义。

我国是人民当家做主的社会主义国家。在基层政权和基层社会生活中充分实行人民当家做主的权利,是建设高度的社会主义民主的一个重要方面,也是我们国家兴旺发达、长治久安的重要保证。实践证明,实行居民自治,有利于调动广大居民的积极性,有利于培养居民的民主意识和民主习惯,有利于密切政府同人民群众之间的联系,有利于基层的发展和稳定,有利于社会主义民主建设的进程。今后,要切实按照《居委会组织法》的规定,通过不懈努力,把居委会工作纳入制度化、法律化的轨道,把居民委员会建设成为居民自我管理、自我教育、自我服务的基层群众性自治组织。

必须明确,居民委员会必须在中国共产党的领导下实行自治,必须在坚持四项基本原则的前提下实行自治,是在国家法律和政策规定的范围内的自治。因此,居民委员会必须接受基层党组织的领导,接受基层人民政府及其派出机关的领导或指导,自觉地协助基层人民政府及其派出机关完成各项工作任务。

加强对居委会建设和工作的领导,是做好居委会工作的关键。各级党委和人民政府特别是市、市辖区人民政府及其派出机关——街道办事处,都要高度重视居委会的建设,把居委会建设列入重要议事日程,切实当作城市的一项重要工作来抓。要加强居委会领导班子的建设,多方开辟居委会干部的来源,不断提高他们的政治素质和业务素质。目前我国已有居委会近 10 万个,居委会干部 36 万多人,要提高他们的光荣感和责任感,妥善解决他们的工作和生活中的困难,关心、支持他们的工作。对于那些工作无人负责,处于涣散状态的居委会,要采取有效措施,迅速进行整顿,使之改变面貌。总之,要通过扎扎实实的工作,大力加强居委会的建设,充分发挥居委会在社会主义现代化建设中的作用。

【选自《人民日报》1989 年 12 月 28 日】

杭州市上城区望江街道居民区党支部工作条例①

第一章　总　则

第一条　为适应城市体制改革的要求,改善和加强党的领导,充分发挥党组织的战斗堡垒作用和党员的先锋模范作用,促进本街道两个文明建设的发展,特制订本条例。

第二条　街道居民区中的党组织必须坚持四项基本原则,为实现党在新时期的总任务、总目标服务,围绕"加强管理、服务四化、服务居民"这个城区工作指导思想开展工作。

第二章　居民区党支部的地位、作用和任务

第三条　居民区党支部是党在城区的基层组织,在街道党委领导下进行工作。它组织党员认真学习和坚决贯彻执行党在社会主义初级阶段的基本路线。组织党员参加居民区工作,发挥党员的先锋模范作用,教育党员牢固树立全心全意为人民服务的思想,为带领和团结居民群众进行社会主义两个文明建设而做贡献。

第四条　居民区党支部的主要任务

(一)积极宣传和执行党的路线、方针、政策,认真贯彻执行上级党组织的决议、指示,搞好党支部的思想建设、作风建设和组织建设,提高党支部的战斗力。

(二)加强对党员的教育和管理,经常开展批评与自我批评。改正工作中的缺点和错误,抵制资产阶级自由化思想的腐蚀,教育党员遵纪守法,促进党风和社会风气的根本好转。

(三)实施对居委会工作的政治领导,起监督保证作用,全面加强居民区党的建设。

---

①　原文标题为《望江街道居民区党支部工作条例》。

（四）密切联系群众，虚心听取群众对党员的批评和意见，并做好党员和群众的思想工作，维护居民群众的正当权益。

（五）坚持党员标准，积极慎重地做好发展工作。

第三章　居民区党支部的设置和支委的职责

第五条　凡有正式党员3人以上的居民区一般都应成立党的支部。成立党的支部必须报街道党委审批。

第六条　居民区支部委员会一般以3人为宜，党员人数5人以下的支部可不设立支委会，只设书记一名。设立支委会的支部，除书记外，设组织委员、宣传委员，纪检委员可由书记兼职，选出的支委会书记须报街道党委批准。

第七条　党支部可根据党员的数量、分布情况和开展活动的需要设立党小组，每组选党小组长1人，党员不足6名的支部不宜划分党小组。

党小组是党支部的组成部分，但不是党的一级组织，它的作用是在党支部的领导下具体组织党员学习和开展各项社会公益活动。

第八条　居民区党支部要选拔政治素质好，责任心强，有一定的文化知识和工作能力，热爱居民区工作的党员进党支部领导班子，把党支部建设成为完成各项任务的核心力量。

第九条　党支部书记和各支部委员的工作职责

（一）支部书记，全面负责支部的工作。根据上级指示和支部决定每月召集一次支委会讨论工作，及时检查支部决议的实施情况。总结支部工作，每月按时向支部党员大会和上级党委报告工作，经常与支委和居民干部保持密切联系，交流情况，研究工作。

（二）组织委员，掌握支部的组织状况，具体做好党员发展工作。收缴党费，接转党员的组织关系。

（三）宣传委员，负责党员的教育工作，提出党员教育的意见，开展宣传工作。

（四）纪检委员，负责检查党员执行的纪律情况，受理、传达党员的控告和申诉。

第四章　居民区党支部的建设

第十条　居民区党支部委员会应当讨论和决定的重要问题有：

（一）马列主义毛泽东思想的学习，党的路线方针、政策的教育。

（二）党的决议和上级决定、指示的贯彻执行。

（三）思想政治工作,社会主义两个文明建设。

（四）居民区有政治宣传教育活动。

（五）参加考核居委会干部。

（六）党支部的各项建设。

第十一条   建立健全"三会一课",深入开展"双争"活动目标管理。经常对党员进行教育,努力提高党员素质。党支部每月组织两次支部活动,每季 1 次支部民主生活会,每季 1 次党课教育。党的支部活动要注重实效,做到"四要",即会前要有准备,会中要有布置,会后要有督促检查,会议内容要有主题。

第十二条   凡是召开支委会或支部大会都必须有书记或指定的委员认真做好会议记录,要反映真实情况,其内容包括:会议名称、日期、议题、到会人数（应到、缺席、病事假人数）。

第十三条   支部委员会成员每届任期两年,届满后支部应按时改选。

第五章   充分发挥居民区党支部的战斗堡垒作用和党员的先锋模范作用

第十四条   居民区党支部要适应当前改革开放新形势的需要,进一步更新观念,增强改革意识,积极组织党员认真开展各项有益活动,认真学习和加深理解十三届四中全会文件,进一步发挥党员在新时期的先锋模范作用,为加快和深化改革做出应有的贡献。

第十五条   充分发挥共产党员在两个文明建设中的作用。教育党员积极参加创建文明居民区和"五好"活动,为居民群众办实事,做好事,努力搞好社区服务工作,在居民群众中真正起到共产党员的先锋模范作用。

第六章   附   则

第十六条   本条例自下发之日起施行。由街道党委负责监督检查。

1989 年

【由杭州市上城区档案馆提供】

福州市鼓楼区鼓东街道建立居委会干部基金会①

鼓东街道位于福州市中心,辖 13 个居委会,138 个居民小组,8974 户,30213 人。共有居委会正副主任 39 人,其中离退休人员 11 人,占 28％;街道集体编制人员 16 人,占 41％;社会待业人员 12 人,占 31％;平均年龄 47 岁,45 岁以下的中、青年主任 19 人,占 49％;初中以上文化程度 18 人,党员 11 人。这些同志在平凡的岗位上,勤奋工作、默默奉献,为家庭和睦、邻里团结、社区服务、文明建设、社会安定等方面做出了重大贡献。为了加强居委会建设,调动居委会干部积极性,我们街道党委、办事处重视解决居委会干部的实际问题,于 1987 年底开始,多次研究探讨解决办法,并着手筹办居委会干部基金会。今年 7 月,在区政府、区民政局和有关部门的重视支持下,正式建立了街道"居委会干部基金会"。几个月的实践证明,这一新生事物已经显示出强大的生命力,发挥越来越大的作用,受到街居干部的欢迎。

一、建立街道居委会干部基金会的由来

《城市居委会组织条例》(简称《条例》)是 1954 年底颁布的,至今已有 35 年历史。随着时间的推移和社会的进步,居委会工作发生了很大变化。目前居委会任务十分繁重,涉及到社会生活的各个方面,不仅有自治的事务,更有政府和各部门布置的行政工作和业务工作,具体任务多达百项,远远超过了《条例》规定的范围。新时期居委会所处的地位和作用,决定了必须要有一支稳定的、思想、身体、业务素质好的居委会干部队伍。只有这样,才能适应新形势的需要,才能完成上级交给的各项任务。我们街道有个居委会,是历年的"老先进",过去各项工作一直走在前头。近年来,由于居委会任务日益繁重,主任年纪偏大,身体明显衰弱,造成力不从心,开会要带年轻副主任当"秘书",接受任务丢三落四,汇报发言文不对题,影响了居委会建设。我们街道党委从这个居委会的变化中得到了深刻的启示,清醒地认识到新时期加强居委会干

---

① 　原文标题为《建立居委会干部基金会　调动居委会干部积极性》。

部队伍建设的重要性和迫切性。为此,我们自觉地把解决居委会干部思想僵化、工作老化的问题,摆上了党委、办事处的议事日程。1984年,我们结合居委会换届选举,有意识地从街道企业中选调了5名年轻、有经济头脑和能力的同志担任居委会主任,退下了7名老主任,更新了居委会干部队伍。这些年轻同志有文化、有热情,勇于开拓、敢于进取,给居委会工作带来了生机和活力,使居委会建设出现了崭新面貌。但是,随着改革开放的不断深入,居委会干部待遇偏低问题越来越突出。这些年轻同志对自己的未来考虑越来越多,产生了后顾之忧,影响了工作。他们之中,有的要求回街办企业工作,有的自找门路要求调动。当时,尽管我们做了大量工作,尽了很大努力,使他们的工资待遇不低于街道企业的职工,但还是挽留不住。1984年选调的5位年轻主任目前仅留下1位。面对这些情况,街道党委、办事处领导分头深入基层,调查研究,广泛征求多方面的意见。在区政府和有关部门的支持帮助下,探索出了一条稳定干部队伍、解决后顾之忧的新路子——统筹各方面的资金,建立街道"居委会干部基金会"。

二、大力扶持街居企业发展是建立基金会的基础

筹建基金会首先面临资金问题。由于基金会是群众性的福利组织,其资金来源既不能依靠单位赞助,又不能坐等国家拨款,主要渠道应向街居企业筹集。十一届三中全会以前,我们街道的街居企业几乎是个空白,绝大多数居委会没有经济来源,这给筹建基金会工作带来了巨大困难。面对这些情况,我们街道党委、办事处认为,要搞好基金会的筹建工作,首先要大力发展街居企业,否则,建立基金会,解决干部后顾之忧,稳定干部队伍将是一句空话。为此,党委、办事处做了专门研究,决定采取有力措施,扶持街居发展企业。首先为解决资金和场地问题,我们先后投资和无息贷款8万多元,帮助居委会利用破旧房和空闲地盖生产用房,开办第三产业。庆城居委会率先利用街道的两万元投资和银行的两万元贷款展开行动,干部亲自动手,组织闲散劳力,盖起了一幢420平方米的楼房,开办了第三产业,很快获得了再发展资金。第二年,他们又利用这些资金盖起了第二座728平方米的楼房,办起了招待所、食堂,建立了医疗站,并将部分房间出租,年纯收入7.8万元,成了全街道收入稳定、经济雄厚的居委会。庆城居委会发展经济的成功经验,为各居委会树立了榜样。我们及时推广了他们的做法,先后又有9个居委会在街道资金的扶持下,兴建了生产用房,办起了第三产业,对少数不具备建房条件的居委会,我们采取协

调的办法，主动与房管部门联系，请求调整房源，较好地解决了生产场地问题。其次，我们街道还想方设法为居委会企业解决原材料来源和产品销路问题，提供技术咨询，进行无偿服务。近几年来，由于我们重视扶持街居企业，居委会经济得到了较快的发展。全街道 13 个居委会现有 4 个工业场组，以及小旅社、小商店、小食部、幼儿园、缝纫、修理业等 23 个商业性网点。年产值达 66 万元，年纯收入达 18 万元。目前 13 个居委会中，有 4 个居委会经济雄厚，不靠国家补贴，自给自余；8 个居委会达到半自给，仅有 1 个居委会经济基础还比较薄弱。居委会经济的发展，为建立基金会奠定了物质基础。

三、建立居委会干部基金会，解除干部队伍的后顾之忧

居委会经济的发展为建立居干基金会打下了坚实的基础。于是，我们街道办事处从去年就开始酝酿、起草《居委会主任工资福利和养老待遇暂行办法》（简称《暂行办法》），在广泛征求意见的基础上，又对《暂行办法》进行了多次修改。今年 7 月，我们街道采取国家补贴和居委会自筹资金相结合的办法，正式成立了街道居委会干部基金会，解决居委会干部生、老、病、死等问题。

我们对基金会的具体做法：

1.建立机构。基金会是在街道办事处直接领导和区民政局指导下的居委会干部的基金管理机构。基金会成员由街道领导、民政干部和部分居委会主任组成，其正副主任由街道办事处正副主任担任，配备了会计、出纳，负责日常基金管理和使用。基金会在信用社建立了专门户口，做到专款专用。

2.制订基金会章程和《暂行办法》，根据居委会干部的人员结构和从事居委会工作年限长短、贡献大小等情况，对他们的工资待遇、退养年龄、退养金、医疗费以及丧葬费都做了具体规定。

（一）工资待遇方面

（1）单位退休人员在居委会任正主任的，每月工资 70 元；任副主任的，每月工资 60 元；集体编制人员担任居委会正副主任的，每月工资按集体企业工资套改发放，并享受物价补贴、粮食补贴、水电费和书报费共 49 元；单位退休人员已在本单位享受的，不再重复发给。

（2）非在编人员担任居委会正副主任的，连续工作时间未满 5 年的，每月工资 75 元；满 5 年不足 10 年的，每月工资 80 元；满 10 年不足 15 年的，每月工资 85 元；满 15 年不足 20 年的，每月工资 90 元；满 25 年以上的，每月工资 95 元。

（二）福利待遇方面

除单位退休人员外,居委会在职和退休主任每年可报销医药费 60 元。特殊情况酌情处理。

四、退休条件和待遇方面

（一）（1）女性满 60 周岁,男性满 65 周岁的正副主任,原则上按规定给予退休,并领取退养金。个别身体健康的,可根据工作需要适当延长退休年限,但男性不得超过 68 周岁,女性不得超过 65 周岁。

（2）集体编制的现任主任,年龄在 45 周岁以上,没有参加退养保险的,到退休时工作年满 30 年以上的,按基本工资的 70％发放退休金,另加物价补贴 27 元;工作年限满 25 年的,按基本工资 65％发放退休金,另加物价补贴 27 元;工作年限满 20 年的,按基本工资 60％发放退休金,另加物价补贴 27 元。

凡年龄在 45 周岁以内的现任主任,一律实行退养保险,投保期不足 25 年的,保险金追补至 25 年。退休时,如领取的退养保险金达不到基本工资的 70％,加物价补贴 27 元,追补至这个标准。

（二）非在编居委会主任达到退休年龄时,连续工龄在 20 年以上的,每月发放退养金 60 元;满 15 年不足 20 年的,每月发放退养金 50 元;满 10 年不足 15 年的,每月发放退养金 40 元;10 年以下的不享受退养金待遇。

（三）居委会主任（不含单位退休人员）在职和退休期间死亡的,一次性发给丧葬费 300 元。

（四）经费开支办法

政府财政下拨居委会的补贴,由街道统筹使用,列入居委会干部专用基金,居委会干部工资来源,采取以下四种办法解决:

（1）由居委会自行解决。凡有雄厚经济实力的居委会,由本居委会自行解决。

（2）由街道和居委会共同解决。居委会虽有一定的经济实力,但无法全部承担的,由居委会解决部分,其余部分由街道居委会专用基金解决。

（3）由街道全部解决。因条件限制,没有经济实力的居委会全部由街道统筹的居委会专用基金中解决。

（4）现已退养的主任的退养金,一律从街道统筹的居委会专用基金中开支。

基金会的建立,在居委会主任中引起了强烈的反响。大家普遍反映后顾之忧解决了,工作安心了,劲头更足了。大家一致感到当居委会干部,干居委会工作有奔头,居委会干部后继乏人的状况明显得到改变。基金会成立后,我们按章程规定退下 6 名主任,在很短时间内,就物色到 6 名青年同志担任主任,这些主任思想好、身体好、有文化、有干劲,在加强居委会建设中发挥了重要作用。如赛月居委会新上任的主任,原来是街道工厂的党员职工,一动员就乐意出来当主任,一上任就遇上了创建文明新村的新任务。两个月来,她带领全居委会干部,发动群众,日夜工作,经过干群的共同努力,使一个 20 世纪六十年代的老旧新村环境面貌焕然一新,经市文明办验收,被评为文明新村,打响了上任后的第一炮。

　　基金会的建立,也是我们在加强居委会工作中的一个尝试,这仅仅是一个开头,难免存在弊端,需要我们在今后的实践中不断总结、完善和提高。

1989 年

【由杭州市上城区档案馆提供】

1990

关于成立中国基层政权建设研究会
城市街道工作委员会的批复

中基会函〔1990〕1 号

城市街道工作委员会筹备组：

　　经审核，批准成立城市街道工作委员会，为中国基层政权建设研究会的工作机构。此复。

中国基层政权建设研究会

1990 年 4 月 1 日

【由民政部基层政权和社区建设司提供】

江西省人民政府批转省民政厅
《关于加强居民委员会建设报告》的通知

赣府发〔1990〕72 号

现将省民政厅《关于加强居民委员会建设报告》批转给你们,请结合当地实际,认真贯彻执行。

居民委员会是市镇居民自我管理、自我教育、自我服务的基层群众性自治组织。加强居民委员会建设,对于促进市镇基层社会主义民主和社会主义物质文明、精神文明建设具有重要意义。各级政府要按照《中华人民共和国城市居民委员会组织法》(简称《居委会组织法》)的有关规定,对居民委员会工作给予指导、支持和帮助,切实解决居民委员会建设中存在的问题和困难。

1990 年 8 月 26 日

关于加强居民委员会建设报告

省人民政府:

我省现有 2322 个市镇居委会。在各级党委和政府的领导和关怀下,这些市镇居委会在宣传法律、法规和国家政策,维护居民的合法权益,开展多种形式的社会主义精神文明建设活动,教育居民履行法定的义务,办理居民的公共事务和公益事业,调解民事纠纷,协助社会治安,协助人民政府做好公共卫生、计划生育、优抚救济、青少年教育等方面做了大量工作。为密切党和政府与群众的联系,稳定基层,维护安定团结的政治局面发挥了积极的作用。但是,由于种种原因,我省居委会建设中也还存在一些长期没有得到解决的问题。如,部分居委会干部素质低,无法适应形势发展的要求;居委会工作条件差,办公用房严重缺乏;居委会干部的经费补贴过低、退养基本无保障等。这些问题使相当一部分居委会没有发挥其应有的作用,有的甚至有名无实,无人管事。若不迅速改变这种状况,不仅《居委会组织法》难以落实,而且对市镇两个文明建设也将产生极为不利的影响。因此,特提出如下意见:

(一)保持居委会的相对稳定,适当调整居委会的规模。对少数人口太多,管辖范围过大的居委会,特别是超过千户以上的居委会,各地应本着既便于居民委员会开展工作,又便于基层政府或其派出机关指导工作的原则,在做好充分准备的基础上,有步骤地进行调整。

(二)不断提高居委会干部的素质。居委会干部除在优秀待业知识青年中选拔外,应主要从退休人员和所辖地区企事业单位的干部职工中选拔。市、县、区人民政府或者其派出机关要加强对居委会干部选举的指导,使那些有一定文化水平,作风正派,办事公道,热心为居民服务和身体条件能胜任工作的人,经过民主选举到居委会中来。民政部门要帮助居委会建立健全政治、业务学习制度,并采取措施,制订规划,分期分批地培训居委会干部,定期对居委会干部的政治素质和业务素质进行考察和考核。

(三)提高居委会的经费补贴标准。从 1990 年 7 月份起,适当提高地方财政对市镇居委会的经费补贴标准,城市居委会每个每年提高到 1600 元(含办公费),其中居委会正、副主任每人每月的补贴为 30 至 40 元。地方财政拨款已超过此标准的应予保留。

(四)落实居委会办公用房。各市、县、区人民政府应把居委会办公用房列入议事日程,争取在 1991 年底以前,为每个居委会解决 20 平方米左右的办公用房,方法可采取多种途径解决。如老住宅区,可在清理出的空闲房和违纪建房以及孤老去世后依照法律无人继承的遗留中调剂一部分给居委会;过去有办公用房而被其他单位或个人侵占的,原则上应退还给居委会;新建居民住宅区,必须把居委会的办公用房纳入城市基建规划,否则有关部门不得审批。今后,对居委会的办公用房,房管和民政部门要共同建立登记卡制度,任何单位和个人都不得侵占。

(五)妥善解决居委会干部的退养问题。从 1990 年 1 月 1 日起,对因年老体弱退下来的老居委会主要干部,应根据各地的具体情况,区别工作年限和职务的不同,给予一次性或定期定量经济补贴。凡年满 60 周岁,从事居委会工作 20 年以上又没有收入来源的正、副主任可享受定期定量补贴,补贴标准一般每人每月不少于 30 元,其中荣获省级以上劳动模范、三八红旗手称号的,还应上浮 5 至 10 元。1989 年底以前退下来的居委会干部,原则上不再享受定期补贴的待遇,其中确属于无依靠、无生活来源的,经街办申报,由民政部门按社会救济对象对待。对从事居委会工作不满 20 年的正、副主任,原则上给予一次性经济补贴。补贴标准和具体办法由各地、市自行确定。今后为妥善解决居委会主要干部(纯居民)老有所养、退有保障的问题,应逐步建立退休保险制度。

（六）扶持便民利民的社区服务事业。居委会兴办便民利民的服务网点是搞好社区服务、方便居民生活的一项重要措施，同时可以补充居委会所需经费的不足。市、县、区人民政府或其派出机关要从政策上给予扶持和照顾。具体办法将由我厅会同工商、税务等有关部门商定。

（七）正确处理家属委员会的问题。机关、团体、部队和企事业单位的家属聚居区可以成立家属委员会，其工作任务与居委会相同，在当地市、县、区人民政府或其派出机关和单位的指导下进行工作。家属委员会包括改为居委会的家属委员会的经费补贴和办公用房，由所属单位解决。

现已改成居委会的家属委员会，一般不宜再作变动。其补贴经费，现由所属单位解决的，今后应继续由所属单位解决；现全部由地方财政补贴的，今后应由所属单位承担全部或大部分，具体办法由当地政府和所属单位协商确定。

今后，凡申请将家属委员会改设为居委会的，只有所属单位在经费和办公用房已经落实后，方可办理报批手续。

（八）切实加强对居委会工作的指导。市镇居委会是国家政权的基层组织，人民民主专政重要组成部分，党和国家联系广大群众的桥梁和纽带。市、县、区人民政府应切实加强指导，定期研究居委会建设，动员各部门、各单位和全体居民关心支持居委会工作，帮助解决居委会工作中所遇到的各种困难。

以上报告，如无不妥，请批转各地执行。

江西省民政厅

1990 年 5 月 20 日

【选自《江西政报》1990 年第 20 期】

民政部基层政权建设司司长李学举同志在辽宁省贯彻实施《居民委员会组织法》工作座谈会上的讲话

同志们：

我十分高兴地参加了辽宁省贯彻实施《居民委员会组织法》(简称《居委会组织法》)工作座谈会。会上陈素芝副省长做了一个很好的报告,也交流了一批很好的经验,今天上午又参观了沈阳市四个很好的居委会,因此,这次会议开得是好的,是非常成功的。从这次会议可以看出,辽宁省在贯彻实施《居委会组织法》工作上,领导重视,抓得扎实,取得了宝贵的经验和可喜的效果。我认为这是辽宁省继铁岭深入贯彻《村委会组织法》、丹东市理顺基层政权建设工作关系经验之后,在城市开展基层政权工作的又一新成果。为此我表示祝贺和感谢。祝贺辽宁省在基层政权建设工作中又取得了新成绩,感谢辽宁省在开展基层政权建设中提供的新经验。

这次会议就要结束了,借此机会,就依法建设居委会问题,谈几点个人看法,供同志们参考。

一、关于贯彻实施《居委会组织法》试点工作的基本经验

《居委会组织法》自今年1月1日实施以来,已有8个多月的时间。这期间,各地都是按照民政部《关于贯彻执行〈居委会组织法〉的通知》精神,广泛地开展了学习宣传工作,认真抓了贯彻实施的试点。目前,大多数地方试点工作基本结束,正进行工作总结。现在回过头来,认真地总结、分析前一段的试点情况,我认为是探索和积累了一些经验,概括起来主要是:提高认识,加强领导;广泛宣传,抓好学习;调查研究,分析状况;选好班子,配强干部;建章立制,明确职责;抓准问题,解决困难。这些经验是各地实践的总结。随着《居委会组织法》的深入贯彻,还会出现一系列新的问题,所以,需要各地进一步探索、实践、总结,相信一定会得到新的经验。

分析总结试点的经验,我认为有三条基本经验值得各地重视,并在今后的试点工作中认真抓好落实。

1.调查研究,全面准确分析居委会现状。贯彻《居委会组织法》,不是一种

形式,而要从实际出发,实实在在地依法办事,要做到这点,我觉得就需要对居委会现状有个全面性、科学性的评估,不然的话,对居委会是个什么现状,存在什么问题,应该重点解决点啥,都不清楚,贯彻《居委会组织法》就没有针对性,很难解决点实在问题。所以,深入调查,掌握情况,才能情况清,指导思想明确;措施实,有针对性地解决问题;效果好,使《居委会组织法》真正落到实处。另外,深入调查,拿出一些有血有肉、有情况、有分析、有见地、有措施的报告,可以引起各级领导的重视,促成问题的解决。从贯彻实施《居委会组织法》试点来看,各级领导对此项工作非常重视。但如何贯彻? 解决些什么问题? 侧重点放在哪里? 需要我们参谋部门拿出意见。这个意见,不应该是就法谈法,而应该是结合本地实际情况的意见,凡是这样做的,都得到了领导的重视,促使了一些老大难问题的解决,取得了较好的效果。比如大连市西岗区试点开始就组成专门调查组,调查出居委会建设的七个问题,区委、区政府做出了《关于提高居委会干部待遇的暂行规定》,解决了长期积累形成的问题,使"居委会的老大妈笑了"。再比如湖南省民政厅在 5 到 6 月期间组织了四个调查组,深入到 100 个居委会进行了调查,引起了省委、省人大、省政府领导的重视,先后两次听取汇报,省长办公会专门听取了关于加强居委会建设方面的几个问题的报告,决定了几个比较重要的问题,即省建立联席办公会议制度,成立办公室,省拨办公经费;决定 1991 年省财政拿出 200 万元,作为扶持居委会发展经济的周转金;提高居委会办公费补贴标准;增加省民政厅基层政权建设机构的编制;给居委会适当的权力等。这两个地方的例子足以说明贯彻《居委会组织法》的过程中,必须深入调查,提出问题,解决问题。各地开展调查的经验,有三种做法值得借鉴。一是组织专门调查组,实地考察了解,掌握第一手材料;二是典型解剖和面上分析结合,这样写出的报告,提出的意见有根有据、有血有肉,而不是空泛地喊困难,不是空泛地没有依据地提要求,而是在调查出的问题中得出解决的办法;三是大面积调查,力争能反映一个市或一个省的情况。我感到,这样提出的问题,提出的建议,能够有一定的普遍性,能扩大解决问题的范围。

　　2.选好班子,配齐配强居委会干部。这个问题不但是贯彻《居委会组织法》的一项重要内容,也是居委会长期建设的一个关键问题。只要把干部问题解决了,即使有些问题一时还没有解决,但从长远来看,居委会建设是有希望的。当前,居委会干部后继乏人,年龄偏大,这在贯彻《居委会组织法》过程中应该认真解决。从试点的经验来看,重点是"选好"居委会主任、副主任。怎么能选好呢?

第一条是掌握居委会干部的标准和要求。从居委会的工作实际看,起码要具备三个条件:一是热爱居委会工作;二是不怕吃亏,有奉献精神;三是热心为居民服务,有一定的组织活动能力。这三条既是选拔居委会干部的条件,也是衡量居委会干部工作好坏的标准。

第二条是要广开居委会干部来源渠道。从各地的做法看,今后居委会干部队伍组成,应逐渐形成离退休人员、专职人员相结合的结构。上海市政府最近做出决定,给每个居委会配备两名事业编制的专职干部,全市共 3000 多名。基本形成了离退休人员和专职人员相结合的居委会干部队伍的格局。这种格局既可以改变居委会干部文化、年龄构成,同时,又能使干部队伍保持相对的稳定。从实践来看,居委会工作离不开那些辛辛苦苦、勤勤恳恳为居民工作的离退休人员,另外也需要一批比较年轻、文化程度较高的专职人员。

第三条是民主选举。按照《居委会组织法》的规定,居委会的主任、副主任和委员,都要由本居住区全体有选举权的居民或者由每户派代表选举产生,也可以由每个居民小组选派代表选举产生,这样做既体现了民主,尊重了民意,又可以使当选的居委会主任、副主任和委员增强责任感。但这个问题,在实际操作过程中,也有一定的难度。点上有人帮助,大面积铺开,会出现困难和问题,比如居民会议开不起来,对居委会成员候选人不了解、不认识的问题等。因此,选举居委会主任、副主任和委员主要形式是以户派代表和居民小组派代表为主,候选人可以采取组织推荐,然后交居民选举的方式。另外选举工作,根据城市居委会实际,应尽量简化,不要搞得很烦琐,要做到体现民主,又简化不必要的程序。

3.找准问题,有针对性地解决实际困难。贯彻《居委会组织法》不是形式上学习学习、宣传宣传,要切实解决居委会建设和工作中存在的问题。当然有些问题可以解决,有的一时还解决不了,甚至相当长时间也解决不了。需要分析具体情况,能解决的尽量解决,一时解决不了的也应该讲清。所以,在贯彻实施《居委会组织法》中应把解决问题当作一件重要的事情来抓,这样才能为贯彻《居委会组织法》铺平道路。在贯彻《居委会组织法》过程中,也是一个提出问题,解决问题的很好机会,这个机会错过了,居委会存在的问题就更难解决。我们要抓住这个机会。另外,从加强居委会建设上讲,这些问题不解决,也影响居委会开展工作。从各地反映的情况看,当前居委会建设存在的主要问题是:干部老化,后继乏人,干部津贴过低,居委会办公经费不足,缺少办公用房,工作任务过重,兴办服务事业困难等,这些问题是多年积累的老大难问题。目前,要统一把这些问题都解决了,还没有条件,需要上下努力,特别是要在部分地方首先突破。目前,解决这些问题的原则和方法基本清楚:①居委会干部队伍应用朝着离退休人员和专职人员相结合的结构发展,有条件的地方,可以适当扩大专职人员。②干部津贴和福利待遇,应以组织统一解决和自筹相结合,其中津贴部分以组织解决为主,至于福利和奖金部分,就看你的工作和所在街道的企业搞得怎样。③办公经费应以组织定期定额拨给和自筹相结合,就绝大多数讲,还是应以组织定额拨给为主。④办公用房必须由组织统筹解决。⑤兴办服务事业的优惠政策,应由组织解决,经费以自筹为主,场地和执照应该由组织和居委会相结合共同努力。⑥工作任务过重问题,需要进一步调查研究,进一步明确居委会工作职责。有些工作也不太好区分,同时,有些工作居委会能办,也不影响什么,我看可以承担一些。这样对于居委会干部联系群众,还是有好处的。我这样讲,不是说居委会还应当增加工作任务,居委会应当通过这些具体工作扩大居委会影响,提高地位、树立形象。但太多不行。

二、关于深入贯彻《居委会组织法》的基本工作

深入贯彻《居委会组织法》总的要求是:总结试点经验,扩大试点范围;加强学习宣传,增强法律透明度;制订本省实施办法,为全面贯彻做准备;提高思想认识,切实加强领导。具体工作任务是:

1. 总结试点经验,扩大试点范围。前一段的试点工作,大多数是领导机关抓的,一般都是省、市、区一级。试点的单位也大都是基础较好的地方,数量不是很多。下一步的工作,首先应认真总结试点经验。总结经验应包括两方面的内容,一是成功的经验,二是工作中的教训。这两方面都是十分宝贵的。成功的经验,可以在今后的试点中进一步完善;工作中的教训,可以作为借鉴,避免少走或不走弯路。从某种角度讲,研究试点中的问题,更有利于推进贯彻《居委会组织法》的顺利实施。扩大试点范围,要求每个市、每个区、每个街道都有试点单位。试点范围可以扩展到一个街道、一个区。试点单位的选择应照顾到不同地区,不同类型,使试点工作更具有代表性。

就一个居委会来讲,贯彻《居委会组织法》重点要抓好以下内容:一是发扬社会主义民主,由居民民主选举产生居委会主任、副主任和委员;二是建立健全居民会议和居民代表会议制度,为居民参与民主管理,提供制度保证;三是

建立健全人民调解、公共卫生、治安保卫等委员,明确岗位责任制,发动居民制订居民公约;四是建好居民小组;五是发展和规划社区服务,兴办有关服务事业。

对各试点单位,各级党委和政府要切实加强领导,民政部门要认真负起责任,加强指导,发现问题,及时解决。

2.加强学习宣传,增强法律透明度。学好《居委会组织法》,全面理解《居委会组织法》是贯彻执行好法律的重要基础和条件。下一步宣传学习的主要对象是居民,要普遍在机关、团体、企事业单位的职工中开展学习宣传活动,组织机关、团体、企事业单位职工学习《居委会组织法》,单靠职工学习《居委会组织法》,单靠民政部门难以完成,必须在各级党委和政府的统一领导下,在有关部门的配合支持下进行。就像丹东市那样,区街负责抓块块,业务主管部门负责抓条条,一级抓一级,层层有人管,使学习宣传活动,既轰轰烈烈,又扎扎实实。学习宣传的主要内容是居委会的性质、内容和产生办法,居民自治的内容、形式和原则,居民的义务和权利。通过学习,达到各级领导干部和居委会干部认清居民自治的意义,明确居民自治的内容、形式和原则;绝大多数居民了解《居委会组织法》的主要内容,明确居民的义务和权利。

3.制订本省《居委会组织法》实施办法,为全面贯彻此法做准备。《居委会组织法》第二十二条规定,省、自治区、直辖市的人民代表大会常务委员会可根据本法制订实施办法。这就是说,在一个省如何贯彻执行此法,应由省人大常委会做出具体规定。民政部门作为职能部门,应在试点的基础上,结合本省情况,草拟实施办法,提交省人大常委会讨论通过。今年主要是作准备,明年下半年开始进行实质性工作,使《居委会组织法》贯彻实施工作做到有领导、有计划、有步骤地进行。

4.提高思想认识,切实加强领导。《居委会组织法》虽已公布实施,但不等于思想认识问题的解决。据了解,主要存在居民自治超前,不适应现阶段居委会实际,实施困难,不好执行等问题。如何解决这些思想认识问题,我看方法只有两条,第一是认真学习,全面、准确理解《居委会组织法》,因为提出这种认识的同志,很多并没有很好学习、理解这个法,只凭感觉和以往经验,得出结论。第二是实践,就是亲自抓些试点,让实践做出回答。当然,由于居民自治是新事物,无论干部还是居民都还陌生,也缺少实践,我相信通过实践,逐渐会走向成熟,趋于完善。

鉴于此,我认为贯彻《居委会组织法》应持这样的态度:一是坚决执行,对于不同认识可以存在,但不要争论不休。二是抓好试点,在实践中逐渐统一不同认识,积累自治经验。三是开展居民自治示范活动。

三、关于依法建设居委会的基本思路

宣传《居委会组织法》是有阶段性的,依法建设居委会的任务是长期的。今后的任务,就是要按照《居委会组织法》的规定,不断加强居委会建设。依法建设居委会总的指导思想和工作布局是:要以居民自治为主要内容,逐步实现居民自我管理、自我教育、自我服务,由居民群众依法来办理自己的事情;要以班子建设为重点,逐渐建立一支政治上坚强,热爱本职工作,具有奉献精神,热心为居民群众服务的居委会干部队伍;以社区服务为中心,逐步增加为居民服务的经济实力;以促进社会主义物质文明、精神文明和城市基层稳定为目的,发挥居委会作用。从现在起,用四五年时间,下功夫使居委会建设逐步走向法治化的轨道,成为班子有战斗力、工作有活力、经济有实力、居委会有凝聚力、深受居民热爱的自治组织。

按照这样的指导思想和要求,居委会的经常性工作应围绕"一个中心",抓好"两个建设",发挥"六个作用"。

1. 以为居民服务为中心,开展社区服务活动,兴办有关服务事业。为什么说居民服务是居委会建设的中心工作内容呢?这是由以下三方面的因素决定的。一是居民的要求决定的。居委会工作对象是居民,居民的生产和福利待遇均在所在单位,因此居民的最大需求就是有一个安全、舒适的生活环境,完善、方便的生活设施。这种环境的创造,有各级政府的职责,但居委会应在这方面多做些便民利民的服务工作,解除居民的后顾之忧。二是居委会凝聚力决定的。居委会的工作要得到居民的支持,居委会的凝聚力不是靠权力的影响,也不是靠物质的吸引,靠的是为居民服务,离开了"服务"二字,居民就会感到这个组织对自己无用。只有为居民办好事,办实事,才能增强居民的依附感和归属感,才能说话有力度,做事有人帮。三是居委会的性质决定的。居委会是居民自我管理、自我教育、自我服务的群众自治组织,应该依法办理自己的事情。因此,居委会应该按照居民的要求,搞好自我服务。

搞好服务,除有热心为居民服务的精神外,还需要有一定的物质基础和条件。开展社区服务、兴办有关服务事业是居委会为民服务的重要措施。在这方面,虽然有困难,但有所作为,特别是当前,有利条件很多。①有基础。居委会兴办服务事业,已有多年的历史,虽然发展不平衡,但有的居委会服务事业

已有多年的历史,也积累了许多经验。②有法可依。《居委会组织法》第四条有规定。③有各级领导重视、支持。居委会兴办服务事业,得到了各级领导的重视,许多地方制订的优惠政策,提供了方便,创造了条件。④有群众支持,开展便民利民服务事业。这些条件,我们应该充分认识,充分利用。当然,开展社区服务,兴办便民利民服务事业并不容易,要做多方努力,但只要认真去做,定会取得效果。扶持帮助居委会开展社区服务,对各级领导来讲,重点是创造外部环境,比如制订优惠政策,解决场地,营业执照,帮助解决资金、原料、技术等,对居委会来讲,主要是积极争取,求得支持,创造条件,抓实抓好。

2.加强干部队伍建设和制度建设。居委会干部队伍建设是长期任务。居委会干部工作非常辛苦,工作难度很大,各级党委和政府都应关心他们,爱护他们,了解他们的疾苦,听取他们的意见,支持他们的工作。目前,居委会干部队伍建设存在许多问题,应引起重视,主要要解决报酬过低,来源渠道过少,急需培养提高等问题。只有解决了这些问题,才能稳定队伍,调动积极性。另外,也要经常表彰先进居委会和优秀干部,激励他们努力工作。

在制度建设上,主要是建立健全居民会议和居民代表会议制度,建立居委会干部岗位责任制,制订居民公约,逐渐使居委会建设走向正规化轨道。

3.居委会要发挥六个方面的作用。即在社会主义精神文明建设中的促进作用;为群众排忧解难的服务作用;处理民间纠纷的调解作用;维护社会治安的协助作用;完成政府开展与居民利益有关工作的组织落实作用;架起党和政府联系群众的桥梁作用。居委会的这六个作用应很好地发挥,要很好地落实。这就是我讲的三个问题。

1990 年 8 月 16 日

【选自《辽宁省贯彻实施〈居民委员会组织法〉工作座谈会材料汇编》辽宁省民政厅 1990 年 8 月】

城市社区文化服务与精神文明建设

中共十一届三中全会以来,随着对外开放和对内搞活经济的一系列改革措施的逐步实行,城市居民的物质生活条件不断改善,生活水平稳步提高。同时,他们对精神文化生活的需求愈来愈迫切。近几年来,离退休干部职工的逐年增多,使他们的文化娱乐问题变得越来越突出,计划生育政策的落实,独生子女越来越多,其教育问题成为社会各界普遍关注的一个焦点。富裕起来的城市居民,其文化消费的比重越来越大。社区文化服务正是为满足居民这种日益增长的精神生活的需求应运而生的一种新型的社区服务活动。

社区文化,是指在一定的地域范围内,从居民日常生活中孕育、创造和反映出来的有关人的行为模式、社会习俗、价值观念和生活方式等文化现象。相对于社会大文化而言,社区文化是一种地域性的亚文化。社区文化服务,是社区服务中有待进一步开拓的一个新领域。

无论在内容和形式上,均不同于过去的群众性文艺娱乐活动。它通过组织社区成员参与、享受其喜闻乐见的文化服务活动,把接受教育、享受娱乐和自我教育、自我娱乐有机地融为一体,为提高社区居民的思想觉悟、文化艺术修养、精神素质、审美情操和生活乐趣等提供服务。在社会主义初级阶段,开展社区文化服务是建设社会主义精神文明的一条有效途径,其作用主要表现在以下方面:

一、活跃社区居民的业余生活,满足不同层次、不同群体的社区居民的精神文化需求。过去,由于受物质生产条件、生活水平、生活方式和价值观念的制约,社区居民对科学技术知识的追求和文化娱乐的需要,受到较大的抑制,滞留在一个较低的层次上。近几年来,随着商品经济的发展和居民生活水平的不断提高,他们对科技知识的需求不断高涨,对文化娱乐、精神生活的渴望日趋强烈,这已成为社会的一大趋势。虽然城市中专业文化团体较多,但社区居民主要受家庭、收入、交通等条件的限制,参与专业文化活动的次数毕竟有限。而居民对文化生活的需要是经常的、多层次的,这是专业文化活动所不能完全满足的。同时,社区文化服务与专业文化活动相比更面向基层和普通居民,集娱乐性、思想性、知识性为一体。它既考虑了社区居民的同一性,又尽量满足不同层次、不同群体的社区居民的不同需求,且为社区居民提供了自我表演、自我实现的舞台,这是专业文化活动所不能比拟的。据调查,市、区、街、居委会四级文化网络经常开展的社区文化服务活动包括戏剧、曲艺、灯会、琴棋书画、篆刻雕塑、摄影集邮、歌舞音乐、影视赏析、电子游艺、心理咨询等。在丰富多彩、内容迥异的社区文化活动中,老年人、中青年人、少年儿童和残疾人、优抚对象及不同职业、不同文化程度的居民获得了不同程度的满足感,从而使文化生活贫乏的状况基本改变。现在,摄影之家、书画之家、集邮之家、曲艺之家和歌舞之家等"文化家庭"纷纷兴起,许多居民不再满足于在荧光屏前消磨时光,不再沉溺于在"方城"里鏖战,而开始追求更高层次的文化娱乐活动。

二、净化社会环境,促进居民精神风貌的转变。不少居民通过参与和享受各种社区文化服务活动,增进了人际交往、理解和友谊,建立了新型的人际关系模式,密切了党群、干群、邻里、同事之间的关系,提高了热爱生活、追求美好生活的高尚情趣。大量自我创造、自娱自乐的社区文化活动,使广大居民在潜移默化中受到了自我教育,强有力地抵制了社会上沉渣泛起的赌博、封建迷信、黄色出版物和影视片的流传及资产阶级自由化思潮的蔓延。健康有益的社区文化活动的普遍开展,使青少年的道德情操得到陶冶,为其世界观的形成和社会化的完成创造了良好的社会文化环境,使离退休老人的孤独感和失落感得到缓解,为他们发挥余热和愉快地度过"第二人生"创造了条件;还使一些越轨青少年受到启发和教育,鼓起了他们痛改前非获得新生的勇气。

三、更新居民的文化价值观念。社区文化活动的经常开展,对城市居民文化价值观念的更新产生了重大的影响。概言之,居民的文化价值观发生了从封闭型向开放型、从单一化向多样化、从被动享受型向积极参与型、从单纯娱乐型向自我教育、自我实现和自我完善型的转变。

经济领域的开放带来了文化领域的开放和繁荣,社区居民不再满足于单一的文化活动形式,要求扩大交往面和知识面,参与以社区文化服务为中心的交际活动。他们不仅要享受娱乐,更要求在文化活动中求知、益智,提高精神素质和道德情操,加强沟通和联系,使自己的文化心理与开放型、外向型的经济、社会的发展相适应。他们渴望增加文化信息的输入输出量,追求文化活动形式的多姿多彩、内容上的多色调、主题上的多义性和风格上的多样化。此外,居民在参与社区文化活动中,发现了文化中的"自我",希望自我价值在参与文化活动时得到升华和实现。这样,社区文化服务活动在帮助居民树立审美、知识、人才、时间、效率等新观念,形成婚事新办、丧事简办的新风俗,在弘扬尊师敬贤、尊老爱幼等传统美德方面发挥了重要作用。

四、增强社区居民的归属感和凝聚力。由于每个社区的经济条件、社会条件以及历史文化传统、居民职业结构的不同,各个社区的文化建设都具有自己的特点。特定社区里的居民,因为长期的共同生活和人际交往,从而会产生一种认同心理,甚至还会逐步形成某些共同的价值观念,如共同的荣辱观、伦理道德观、风俗习惯等。这种共同的价值观念一旦形成,必然会对社区居民的思想、感情、心理和性格等产生深刻的影响。具有本社区特色的文化服务活动,注意将本社区优秀的文化传统、风俗习惯和乡土人情用文艺的形式表现出来,以此激发社区居民热爱社区、建设家乡的感情。在此基础上提炼概括出的"社区精神"(或"社区价值观"),对社区居民产生了强大的吸引力,并使居民形成一种"社区意识"。社区文化服务活动在增强社区对居民的向心力和凝聚力、归属感及认同意识方面的作用愈来愈受到社会有识之士的重视。

【选自《道德与文明》1990 年第 6 期　作者张文宏　1990 年 12 月 27 日】

1991

杭州市上城区清泰街道关于居民委员会建设和居民干部待遇的若干意见①

上清办〔1991〕6 号

各居民委员会:

为了认真贯彻落实居委会组织法,使居委会建设走上法治化、规范化和制度化的轨道,充分发挥"三自"作用,促进两个文明的建设,经街道办事处研究,特提出以下工作意见:

一、关于"五好"居民区的验收标准问题

(一)组织建设好

1.居委会成员依法民主选举产生,人数 6 至 9 人,缺额及时补充。

2.人民调解、治安保卫、公共卫生、民政福利、妇联和居委会等下属组织健全,并发挥作用。

3.居民小组经调整后,规模在 20 至 50 户左右。选有小组长和墙门(楼群)代表。

4.居委会各项基础工作扎实,资料齐全,建有必要的图表、簿册、会议记录、文书档案。

5.居委会成员分工明确,尽职尽责,团结齐心,工作协调,作风民主,办事公道,为居民群众服务热情。

6.居委会有固定的办公室并有人坐班办公,及时为居民办理各项事务。

(二)精神文明好

1.积极向居民宣传党和政府的方针、政策、法令、居委会组织法等,有固定的宣传设施(黑板报、阅报栏等),动员居民参加有关的社会活动。

2.组织居民制订居民公约,积极开展做文明市民,建"五好"居委会、"五好"墙门(楼群)、"五好"家庭等精神文明活动,大力提倡文明、健康、科学的

①　原文标题为《关于居民委员会建设和居民干部待遇的若干意见》。

生活方式。

3. 要有固定的常年开放的文化室，每年至少要开展 2 至 3 次群众文体活动。

4. 计划生育宣传教育工作经常，加强对流动人口管理，各类人员账卡齐全，计划生育各项指标达到街道规定要求，无计划外生育，无未婚先育，无大月份引产。

5. 发挥老龄会作用，在居民区范围内经常进行敬老爱老和维护老年人合法权益的教育，使居委会内无严重虐待老人的现象发生。动员身体好，有工作能力的老年人做社会工作，当好居委会的参谋顾问。

（三）安定团结好

1. 安全防范措施落实，不发生可预防的火灾、煤气中毒死亡等治安灾害事故。

2. 贯彻"调防结合、以防为主"的方针，一般民事纠纷不上交，调解率不低于 90％，成功率不低于 95％。

3. 协助政府做好帮教失足青少年及"两劳"人员的工作；社会、学校、家庭三者建立帮教小组，使帮教对象的重新犯罪率在 3％以下。

（四）环境卫生好

1. 积极开展爱国卫生运动，教育居民不饲养家禽、家畜，搞好环境卫生。

2. 积极开展创建文明卫生活动，居民区要成为区验收合格的卫生先进居民区，每月互查总分不得低于 95 分。

3. 发动居民植树、种花，花木成活率达 95％以上。

4. 积极开展除害灭病活动，"四害"密度不超过街道规定标准。

（五）社区服务好

1. 社区服务健全，服务经常化，便民服务项目达 5 个以上，并且年年有发展，积极开展志愿者协会工作。

2. 因地制宜办好便民利民服务网点，继续发挥家庭生活服务站的作用，提高两个效益，年利润达万元以上，基本解决居委会开展工作活动的最低经费来源，无发生重大的经济违法事件。

3. 民政优抚、拥军优属，坚持"四定一条龙"服务，做到平时有人关心，生病有人照顾，困难有人帮助，节日有人探望。

4. 坚持移风易俗宣传，教育居民"红白喜事"简办，城市死亡火化率达 100%。

5. 关心和帮助"四残"人员,向有关部门联系,帮助他们解决一些实际困难。

二、关于自主权问题

根据组织法规定,居委会是"基层群众性自治组织"的性质,有以下自主权:

1. 人事权。除居民委员会正副主任和委员、党支部书记按组织法、党章规定民主选举产生外,其余干部任免使用均由居委会讨论决定。居委会的文书、财会人员、文化室辅导员,企业负责人的任免,职工的聘用、辞退也由居委会讨论决定。

2. 财务权。凡街道办事处下拨的款项,向企业提取的费用,由居委会按规定收取、管理和使用。单项一次性开支 50 元以上的报街道分管主任审批。企业生产经营性开支 500 以上,非生产经营性开支 50 元以上报街道归口公司经理审批,其余额度开支由居委会主任审批。

3. 财产权。居委会办的企业,归居委会所有,任何部门不得任意平调。居委会的办公室、企业房屋使用权及固定资产、公益事业设施、流动资金归居委会(企业)所有,有关部门确需借用,须经居委会(企业)同意。

4. 兴办公共福利事业权。根据群众的需要,居委会有权决定兴办托儿班、幼儿园、文化室、家庭劳动服务站、红十字会等为老、少服务的公益事业。

5. 开办企业权。在遵守有关政策规定的前提下,在街道及有关部门的指导下,居委会有权决定开办企业及其分配形式,有权决定租赁、承包者以及租赁承包方案,有权对企业的经营、财务的收支进行监督。

三、关于建立岗位责任制问题

居委会实行主任负责制,副主任协助主任工作,并独立负责地做好各分管的工作。居委会正、副主任建立岗位责任制,分工明确,相互协作,密切配合,克服互相扯皮,互相推诿,不负责任的工作作风。凡属重大工作,集体讨论,一经决定,分工落实。订有切实可行的任期工作目标和日常的工作制度,年有计划,月有安排,建立正常的工作、学习、值班、请假、请示报告制度。坚持正常的作息时间,重大节日,特殊事件要加强值班。规定要街道审批的项目要严格执行,正副主任因事请假 3 天以上者需向街道民政科办理手续。

四、表彰、奖励先进问题

1. 被授予文明(五好)居委会称号者,实行精神鼓励与物质奖励相结合,以精神鼓励为主。省、市级奖励另定。区级奖励 400 元(区、街道各发 200 元),街道级 200 元(街道发),单项先进奖励 30 元。

2. 被验收合格(包括复验合格)区级"卫生先进居民区""精细养护居民区";街道级"治安达标居民区""计划生育达标居民区"按检查总分奖励,基础分为 85 分,超过 85 分至 95 分每分奖励 1 元,95 分以上的每分奖 1.50 元。(居委会自行开支)

3. 年终被评为先进工作者、积极分子的,分别给予一定的物质奖励。

4. 凡对提高企业经济效益和社会效益有贡献者,按第七项规定执行。

五、关于扣发奖金问题

有下列情况之一者,扣发当季奖金:

1. 民间纠纷由于调解不及时而激化为刑事犯罪或发生非正常死亡事故。

2. 所属企业发生重大经济违法(章)案件,使企业受到损失。

3. 区级卫生、绿化检查得分低于 95 分,计划生育未达到指标。

4. 事假 10 天或病假 15 天发当月奖 85%,超过每天扣 2%,事假 20 天以上或病假 25 天以上停发全月奖;病假 6 个月以上停发津贴;事假 1 个月发津贴 80%,连续 3 个月以上者停发津贴。

5. 其他发生影响较大的事件,视情况扣发奖金。

六、关于干部待遇问题

1. 政治待遇:居委会委员、各工作委员会委员,文化站辅导员、行政组长,可参加街道组织的有关会议,听取传达文件;可参加居委会召开的有关会议,研究工作,决定职权范围内的有关工作,可向上级政府反映居民的意见和要求,或提出建议。

2. 经济待遇:每月下拨给居委会经费 300 元,其中 275 元作为居委会正副主任津贴(正主任 50 元,副主任 45 元),25 元作为居委会办公经费。此外,实行经济效益、社会效益挂钩的浮动奖。各工作委员会副主任和行政小组长不享受固定津贴,居民区可视经济情况,原则上每季度一次 10 元左右的奖励,经费由居委会在企业上交费用中开支,对生活确有困难或因病住院者,可由居委会给予临时性补助,居委会正副主任由街道负责。

3.居委会正副主任离任时,由居委会负责开欢送会,街道赠送纪念品,无退休工资收入的,按规定由区拨给生活费,有退休工资收入的不予长期补贴(未经批准离开的,不享受生活补贴,不发纪念品)。对所有离任干部,街道和居委会仍要继续关心。

4.居委会每年可组织两次委员以上干部在市区内搞活动。

七、关于经济利润奖提成比例问题

发放范围为居委会正副主任,居委会按季经济利润实际完成额,凭会计财务报表,造册报民政科审批。

1.利润超额奖:

各居民区企业利润(包括联营收入)实际总额,超过1990年利润实绩,年终提取超过部分的5%,作为利润超额奖。(全额承包的超额利润不计奖)

2.基数利润奖:

各居民区企业利润(包括联营收入)实际总额,1000元以下,基数90元;1000元至2000元,基数90元。超利润提奖率9%;2000至6000元,基数180元,超利润提奖率2.4%;6000元以上,基数276元,超利润提奖率1.2%。

3.新办企业奖:新办企业在开办后三个月产生利润兑现,按前三个月平均计算,一次性奖励。

(1)月平均利润在200元以上者,奖励人民币60元。

(2)月平均利润在500元以上者,奖励人民币120元。

(3)月平均利润在800元以上者,奖励人民币180元。

(4)月平均利润在1000元以上者,奖励人民币240元。

上述规定,自1991年1月起实行,如与街道以前所发文件有不符者,按此文规定执行,今后如上级政府有新规定,以上级文件为准。

清泰街道办事处

1991年1月

【由杭州市上城区档案馆提供】

杭州市上城区关于发展居办企业、
加强居委会联营收入的通知

为发展居办企业,加强对居委会联营收入的管理,经研究,现作如下决定:

(1)凡居委会以出租房屋的形式进行联营的收入,各居委会直接交劳动服务站,由服务站开具收据;其收入不再通过居委会或居办企业财务,也不在居办企业报表中反映。

(2)加速居办企业发展,今后联营收入按 2:2:6 分配,即街道办事处 20%;劳动服务站 20%(企业发展基金);居委会 60%。

(3)联营房租收入仍作为居委会干部奖金考核基数。

以上决定从 1991 年 1 月 1 日起执行。

清泰街道办事处

1991 年 1 月

【由杭州市上城区档案馆提供】

杭州市上城区望江街道关于
建立街道办事处司法工作科的请示①

望办发〔1991〕2 号

区人民政府：

　　为了积极开展社会治安综合治理,做好人民调解、治安保卫以及违法青少年帮教工作,保护老人、妇女、儿童的合法权益,维护社会的安定团结,根据杭政〔1989〕5 号文件有关规定,结合我街道的实际,经街道党委研究,建立望江街道办事处司法工作科,人员由在编司法助理员为主,聘请两位退休干部组成。

　　以上请示请批复。

望江街道办事处

1991 年 1 月 5 日

【由杭州市上城区档案馆提供】

---

① 　原文标题为《关于建立街道办事处司法工作科的请示》。

杭州市上城区清泰地区党建
思想政治工作研讨会交流资料①

当前,从中央到地方都十分重视和强调基层党组织的建设,这不仅仅是因为我们的党是执政党,而更重要的是要提高和加强党的战斗力及基层党组织的战斗堡垒作用,以不断适应发展变化着的新形势、新情况。从中国革命的历史进程中我们不难看出,加强基层党组织建设,提高和发挥基层党组织的战斗堡垒作用,是至关重要的,也是其他任何工作所不能替代的。应该说,加强基层党组织建设是保证党在各个时期的路线、方针、政策在各基层单位得以正确地贯彻实施的需要,是巩固地方政权,建设社会主义民主、发展社会主义事业的需要。正如我们在进行经济体制改革和发展农村经济过程中,看到了加强企业党组织和加强农村基层党组织建设的紧迫性、重要性一样,城市街道中的(遍布全国所有大、中、小城市)居民区党组织建设的加强也迫在眉睫,它有待于我们认真地加以研究、探索,并能真正将其纳入各有关党委的议事日程。

关于居民区党组织建设既是一个老问题,亦是一个新课题,加之其特殊性,即清一色的离退休人员,年龄大、身体弱、人员居住分散且情况复杂,难管理。鉴于上述原因,居民区党组织的地位、作用及其与居委会的关系直到现在为止仍莫衷一是,众说不一,各有各的理由,各有各的做法,但有一点是一致的,即都在做着工作,但工作的效果如何,则大相径庭。居民区党支部的作用及工作效果的发挥好坏,固然与其特殊性有关,但也受到其他诸多因素的影响和制约。首先是外部环境(大气候)的影响,尤其是前几年淡化党的领导和弱化思想政治工作,导致了政工队伍的萎缩,党的工作和思想政治工作难以抓上手,更谈不上要抓好。从目前的大气候来看,这对加强党的基层组织建设十分有利,但就街道党组织建设或居民区党组织建设来说,却存在这样一个事实,即无论是过去还是现在,省委、市委还从来没有就街道党的建设发过一个文件,更不用说居民区党支部了。难怪在街道和居民区党员中流传着一句话,叫

---

① 原文标题为《关于居民区党组织建设的几点思考——杭州市上城区清泰地区党建思想政治工作研讨会交流资料》。

"先工交、后财贸,腾出手来抓文教,街道工作排不上号"。这无疑是对街道基层党的工作者积极性的一种挫伤。事实上也往往是说来重要,做来不重要。其实是居民区党支部的地位不明确,工作难以到位,尤其是它与居委会的关系,由于不定性,我们也始终为这样的矛盾而困扰。客观规律决定了人总是要老的,这也是任何人无法抗拒的,这就又决定了居民区党组织的党员从人数上来讲是不存在枯竭的问题,而是将会不断地有所增加。既然居民区党支部和离退休党员的存在是历史的必然,是客观的,那么明确其地位、作用也就成为十分必要的事情。重视和加强居民区党支部建设首先应解决一个认识问题。认识上的不一致、不统一,也往往成为实际工作的障碍和影响工作效果的主要因素之一。

我以为,居民区党组织的性质应是确定无疑的,既"工人阶级的先锋队",因为党员年龄的大小从根本上来讲是不影响党的性质的,再说,党组织的性质也只能是一个,党组织的层次、级别只规定了他们各自的地位、职能和作用,而绝不能说他们还有各自不同的性质。至于居民区党组织的地位和作用如何,从理论上讲应是由其性质所决定的。党要求他的各级组织和全体党员无论在什么时候,都应率先垂范地执行党的路线、方针、政策,为人民谋利益。但在实际工作中,无论是我们的党员还是干部对居民区党组织的地位和作用的认识、看法差距甚大。主要表现在:一是由于构成居民区党支部的党员均是退休人员,加上身体等因素,支部工作缺乏生机、活力和战斗力,有部分党员还存在"船到码头车到站,安安稳稳过晚年"的思想,这显然与党"人虽退休了,但思想上和组织上不能退休"的要求是相悖的。这样也就使我们担心他们究竟能不能担负起党所赋予的职能,如政治领导、核心领导或监督保证。能不能不负众望,发挥余热,人老心不老。如果这样的担心不是多余,那么一经实施,反倒会适得其反,因为他们在人民群众的心目中毕竟是共产党许许多多组织中的一个,是代表着党在做工作,他们作用发挥如何,工作做得好坏,无疑对党的形象是会有影响的。(当然我们不能错误地说,某一个党组织或党员的工作,表现不好就证明了我们的整个党都有问题,都不行。)二是人事体制及人事关系较为复杂,导致了确定地位和作用发挥的难度及不平衡性。现在离退休的党员中大致可分为三类情况,一类是人虽退休,但关系仍在原单位;一类是人退休,关系也随之转到所在街道或居民区支部;一类是人退休,关系也转至街道,但仍在做工作(有被原单位留用的,也有在其他地方做事的)。从我街道所掌握的情况来看,离退休党员中现在居民区任职的只有 24 人,只占离退休党员总

数的 12％，因年龄、身体等因素待在家里的党员有□人，占离退休党员总数的
□，也就是说，离退休党员现真正与居民区工作有联系的是少数。调查到的情
况反映出，现在的离退休党员（尤其是男同志）只要身体允许或有一技之长，大
多数都愿意找点工作做（居民区工作则例外），这就使得居民区党支部的地位
很难确定，如果在这种情况下确定居民区党支部对居委会是领导被领导或政
治领导的关系，就会显得十分勉强，因为你要对人家实施领导或保证监督，你
自己首先必须参与其中工作，最起码要了解和熟悉有关情况；反之，无论是领
导还是保证监督都是一句空话，也是不现实的。事实上，现在有的离退休党员
不但不愿做居委会工作，就是支部工作也不愿做，这不仅仅是因为地位不确
定，还有一个很现实的问题——经费不落实。设身处地地给他们想一想，也不
是没有道理，共产党是要讲点精神，但他们毕竟也是人，他们不能没有思想，也
不能不受到社会上诸多因素的影响（这也是增加了当前思想政治工作难度的
其中一个活的因素）。从一般的道理来讲，当前我们的国家还不富裕，人们的
生活也还在温饱线上，退休后能找到工作，增加点收入以贴补家庭生活之不
足，这也是情理之中的事。当然有的党员并不是为了钱，而只是考虑劳碌一辈
子了，也该是轻松一下的时候了，所以拒绝外出做任何事。也有的是因家务牵
连，没法脱身。总之，作为离退休党员要不出来工作，理由是很多的，究其原
因，我以为主要还是思想上的问题。因为对于离退休党员，只要按党章规定每
月缴纳党费，按要求参加组织生活，不犯错误，这已经是够可以的了。至于他
（她）愿不愿意再出来做些力所能及的工作（包括支部或居委会工作），这就是
他们的权利了。作为上一级党组织除尽一切可能地做动员工作外，别无他法。
这也是离退休党员思想上的一个难点，从这里也可以说明居民区党支部的主
要职能和任务应放在对离退休党员的管理和教育上。如不从目前的体制上加
以改革和理顺，从实际出发，居民区党支部对本居委会只能是起到一个保证、
监督作用，至于要担负起对居委会的政治领导或核心领导作用，无论是客观还
是主观都会显得十分困难，有些矛盾亦愈加重。所以，我们在以往的工作中，
对居民区党支部通常更多的是强调要加强自身建设（包括对党员的管理教
育），要尽可能地支持和配合居委会工作，以自己模范带头的行动，而不是简单
地号召来影响和带动全体群众。为实现党的基本路线而奋斗，我们也强调居
民区党支部与居委会在性质及职能上虽有区别，但他们的最终目标应是一致
的，即我们的一切工作都应服从、服务于党的总路线、总方针，这也应成为他们
协调工作的基础和前提。故此，我认为，对于居民区党支部地位的确定，不应

简单地说"是"或"不是",也不能勉强地"相加"或赋予,而是要从实际出发,给以科学的求证,无论是在理论上,还是在实践中都能站住脚。我们共产党人是唯物论者,强调了某一事物的客观存在性,但又不能忽视了主观能动的一面,否则,我们就会陷入形而上学的"泥潭"之中。所以,在居民区党支部的性质、地位确定以后,我们更应注重的工作应放在如何发挥这些离退休党员的作用上,而不是其他。离(退)休党员的作用更多的是政治作用,通过他们在所及的范围内的模范、表率、带头作用去影响和带动广大周围的人民群众,同时又要体现"量力而行"的原则。作用的形式也应该是多样的,而不是单一的。作为居民区党支部首先应从加强自身建设,从加强对党员的管理教育入手,以坚定离退休党员的共产主义信念,增强他们的党性观念和组织观念。

鉴于上述考虑,特就居民区党支部建设提出以下几点不成熟的看法和意见:

(一)要从思想上、生活上关心和尊重离(退)休的老党员、老同志、老干部。这些离退休的老同志都曾对中国革命和建设做过贡献,中国革命和建设的成就与他们的成绩密不可分,尊重他们就是尊重党的历史。他们同时又具有政治上的优势,具有社会主义建设正反两方面的丰富经验。我们进行党的建设,进行社会主义两个文明建设,实现政治、经济和社会的稳定,仍十分需要他们的积极参与和支持。

各级各部门的党政领导对于他们必须真正做到从组织上重视、思想上关心、生活上照顾、制度上保证,要使他们时时感觉到:人虽退休了,但组织并没有忘记他们。使他们建立起发挥余热,继续为党的工作做贡献的信心,当然作为离退休的老同志也应解决好如何在"新长征"路上继续革命的问题,增强党性观念和组织观念。

(二)选好支部书记是抓好居民区支部工作的重要环节。火车靠车头转,一个支部是否有个好书记,对于支部工作的好坏是至关重要的。就目前的离退休党员总体状况看,能担任支部书记的人有,但并不都很理想。对此,可采取两个办法来解决。(1)有计划地对现有书记进行培训,在工作中提高他们的思想素质和工作能力(对于那些在职的支部书记也不能例外,因为情况在不断变化,形势在不断发展,如不重视对党员、干部经常性的培训教育,在职的与不在职的也会一样落后于形势)。(2)以党委名义,将街道机关支部的党员分别派到各居民区支部担任党的工作联络员(指导性质),帮助各居民区支部开展工作。这样做好处有七:一是切实可行;二是符合中央六中全会精神;三是有利于加强党委与各基层党支部的联系;四是有利于发现问题、指导工作;五是可以激励居民区党支部工作的开展;六是便于发现典型,总结推广;七是便于考察我们的党员和干部。以往我们曾以党员责任点(区)的形式进行过这项工作,受到了各基层党支部的欢迎。

(三)工作要规范,制度要健全。作为党组织一定要区别于群众组织,这就决定了居民区党支部的工作必须是规范的、严密的,而不是随心所欲的。对此,必须制订关于居民区党支部工作的统一规范,健全各有关制度,要求各支部必须按统一的要求去规范自己的工作,这样既利于支部的自身建设,也利于支部工作的总结、评比、考核。

(四)关系要理顺,经费要落实,职责要明确。关系要理顺,主要是指理顺居民区党支部与居委会的关系。就居民区党支部的地位来说,无论是政治领导还是监督保证,首先工作必须到位,否则居民区党支部就很难有所作为。实践中反映,居民区党支部书记兼居委会主任的,大多关系较顺,这些书记较其他书记的能力要强一些。另外,这些书记的工作津贴也因兼职得到了暂时的解决,只是这些兼职书记较其他不兼职的书记、居委会主任的工作量更大,这无疑要强调"每个党员为党工作的责任和义务"。但从长计议,凡支部书记都应考虑解决他们的津贴问题,使他们享受与居委会主任同等的待遇,经费可从财政下拨给居委会的经费中列支。至于居民区党支部组织党员开展活动所需的经费,订阅报刊、杂志、学习资料的经费、党员生病礼节性看望所送物品的经费,党员病故送花圈的经费等,也都须制订一个统一的规矩,确定报销额度、范围、审批手续以及经费出口处,使居民区党支部的工作开展不致因经费不落实而受损,也不致使离退休党员因经费等问题不落实而产生失落感。

为居民区党支部在处理它与居委会的关系和日常工作,应将工作的侧重点放在加强支部的自身建设和党员的管理、教育上,要让我们的支部和党员始终以一个良好的形象出现在居民群众之中,并以自己的模范行动和表率作用影响并教育群众。"做好自己的工作,影响和带动一片。"这正是居民区党支部及党员所需。离退休的党员大多年事已高,由于身体等因素,做事已力不从心,但他们还是可以有所作为的,发挥他们作用的地方还很多。首先是要注重发挥他们的政治优势,他们集多年革命和工作的经验、教训于一身,经常听取他们对工作的意见和建议是有好处的。其次是让他们在保持革命晚节的同时,要尽可能地参加一些力所能及又利于身心健康的社会公益活动,尤其是在精神文明建设方面,他们是有"用武"和"施展"的余地的。如教育好子女;处理好邻里关系；参加"志愿者"协会，重视互帮互助活动；联系 1～3 个群众，广交朋友；等等。

（五）为了便于管理，应由市委做出规定：各系统、各单位（无论是市属，还是区属）退休的党员其关系一律应转至所在地的街道，并按每个党员每年活动所需经费定一个额度，同时转至所在地街道党委，以专款专用。

总之，居民区党支部建设是一个重大课题，尚有待于广大热心于这项工作的同志们去实践、探索、总结、提高，使我们党的事业兴旺发达。

【由杭州市上城区档案馆提供】

杭州市江干区闸口街道关于 1991 年
居民区城管工作检查细则(试行)①

江闸办〔1991〕6 号

各居民区:

　　为了进一步把我地区的城管工作搞好,走上一个新的台阶,街道对 1991 年的城管工作继续采取按季度检查评比,检查方法为按片自查互查,循环查,并采取百分制形式,每季一次小评,年终总结按得分高低给予适当的奖励。特订如下检查评比细则:

　　1.居民区有组织制度,每项工作有专人负责,并上墙的得 5 分。

　　2.居民干部是否每周突击卫生一次,每月检查一次,做到的得 5 分。

　　3.街巷卫生。(1)动员居民区垃圾要倒垃圾箱内得 5 分。检查时发现居民区范围内有堆积垃圾废土的不得分。(2)路面清扫保持干净的得 5 分。(3)无鸡鸭的得 10 分,每发现一只扣 1 分,该项都做到的得 20 分。

　　4.庭院卫生。每居民区抽查四个庭院,每个庭院 5 分(达到卫生、整洁、有制度、有人轮流打扫清洁的),该项都做到的得 20 分。

　　5.按辖区户数完成居民区收缴工作的得 15 分。如不能全部完成收缴工作则按未收缴户数比例相应扣减得分。

　　6.按辖区个体、商业户数完成保洁费收缴工作的得 15 分。如不能全部完成收缴则按少收一户扣减 1 分处理。

　　7.绿化必须种好、管理好(有种无管的扣 5 分,全部做到的得 10 分)。

　　8.居民区范围内无新违章搭建(如有违章现象,事前不报告的当季不得分),能够做到的得 10 分。

闸口街道办事处

1991 年 2 月

【由杭州市上城区档案馆提供】

----

　　①　原文标题为《关于九一年居民区城管工作检查细则(试行)》。

杭州市上城区民政局关于尊重居委会自治权和街道办事处加强对居委会指导的若干意见①

为了更好地贯彻落实《城市居民委员会组织法》,加强居民委员会建设,对居委会的自治权和街道办事处对其指导等方面提出如下意见:

一、必须尊重居委会的自治权利

居委会是居民自我管理、自我教育、自我服务的基层群众性自治组织,有独立自主地决定和处理本居住区事务,而不受行政干预的权利。政府和它的派出机关及政府机关职能部门,必须尊重居委会下列自治权利:

1.有选举权和罢免权。居民委员会主任、副主任和委员必须从有选举权的居民民主选举产生。居民会议有权撤换和补选居委会成员。

2.有决定本居住区大事权。有五分之一以上的18周岁以上的居民,五分之一以上的住户,或者三分之一以上的居民小组提议,可以召集居民会议,涉及全体居民利益的重要问题,在宪法、法律政策规定允许范围内,经居民会议讨论决定。

3.有约束全体居民共同行为的居民公约的制订权。通过居民公约的实施,对居民群众进行自我管理、自我约束、自我监督、自我教育等自治活动。

4.有人事任免权。居委会对所属的企事业单位负责人和工作人员,有任免、聘请、解约权。

5.有财产所有权。有权管理本居委会的财产(包括企事业单位的财产、物资、资金等),任何部门和单位不得侵犯居委会的财产所有权。

6.有财务管理权。居委会可以独立建账、银行立户,但必须做到账目及时、正确、清楚。凭证俱全、账实相符,及时如实报送财务报表,接受有关主管部门的审计检查、监督。居委会的日常非生产性开支和固定资产投资职权额度,根据经济状况,由街道办事处与居委会协商确定。金额较大项目应提请居

---

① 原文标题为《关于尊重居委会自治权和街道办事处加强对居委会指导的若干意见》。

民会议审议决定，并报告有关部门。

7.有权决定兴办公共福利事业。居民区可以兴办便民利民的生产生活服务事业。但必须合法经营，照章纳税。举办公益事业所需的费用，必要时可以根据自愿原则向居民区筹集。

8.有管理、教育、服务自治权。有权制订工作目标、工作台账制度；可以对居民群众进行社会主义公德规范教育，管理和调解、帮助；总结推广有关经验，表彰奖励先进。

二、街道办事处必须加强对居委会工作的指导、支持、帮助

1.指导和帮助居委会搞好组织建设、思想建设和制度建设三个方面的自身建设。

2.指导和帮助居委会制订工作目标。

3.指导和帮助居委会依法开展"自治"活动。

4.支持和帮助居委会办好本居民区的公共事务和兴办公益事业，开展便民利民的社区服务活动。

5.指导和帮助居委会做好《组织法》规定的各项工作任务。

6.指导做好政府等领导机关要求居委会配合、协助的工作。

7.指导和帮助居委会开展"五好"居委会、"五好"楼群、"五好"家庭等多种形式的社会主义精神文明建设活动。

8.利用多种形式，具体指导培训居委会干部、帮助总结推广居委会工作经验，让居委会干部在实践中增长才干。

9.指导和帮助居委会搞好财产、财务管理，健全财务制度，监督检查财务收支账目。

10.建立居委会主任例会制度，指导关心居委会经常性工作。指导居委会干部正确掌握有关方针政策，建立必要的工作制度，帮助解决或反映居委会干部工作中遇到的困难。

三、尊重居委会的自治权益

减轻居委会工作负担，各机关团体和企事业单位都应该尊重居委会的自治权益。要热情支持居委会工作，除区政府和街道办事处外，其他部门和单位都不应直接向它们布置工作，确需居委会配合完成的工作，应由区政府或街道

办事处统一安排。

上城区民政局

1991 年 3 月

【由杭州市上城区档案馆提供】

论创建示范居委会的必要性

一、创建示范居委会就是树立贯彻《居委会组织法》的典范

1.示范居委会是全面深入贯彻实施居委会组织法的样板。在贯彻《居委会组织法》的过程中,有的地方把居委会换届选举作为贯彻好《居委会组织法》的标志,这是一种片面的认识。换届选举只是居委会组织建设的一部分,它不能代表贯彻《居委会组织法》的全部内容。为了防止这种片面性,就应树立样板,这就是示范居委会。示范居委会应起到全面深入贯彻实施《居委会组织法》的示范作用,它基本要达到依法选举,组织健全,有一个坚持四项基本原则的坚强的领导班子,制度完善、规范、行之有效;各种关系处理得好,形成合力,共建社会主义精神文明,充分发挥桥梁纽带作用,密切党、政府和群众的联系;基本建设搞得好,居委会办公用房、活动场所、社区服务设施网点齐全;自我教育、自我管理和自我服务作用发挥得好,各项工作成绩显著。

2.示范居委会具有全面性、先进性、示范性的特点。首先示范居委会应是全面深入贯彻实施《居委会组织法》的典范,它不仅研究组织法的民主选举、制度建设等方面的部分内容,而且研究贯彻《居委会组织法》的全部内容。如在组织建设上,不仅研究民主选举居委会的成员,还要研究居委会的工作委员会和居民小组等组织的建立健全问题;在依法处理各方面的关系上,不仅要研究政府以及派出机关同居委会的关系,还要研究居委会同辖区单位,居民群众等方面的关系问题;它不仅是贯彻实施《居委会组织法》某一方面的典范,而且是全面贯彻实施《居委会组织法》的典范。因此,它具有全面性。其次,它与先进居委会相比,既有先进性,又不完全等同于先进居委会。先进居委会侧重于工作成绩的优异,而示范居委会要求不仅工作成绩优异,而且对《居委会组织法》规定的其他方面内容都应是优秀的执行者。因此,具有更广泛的先进性。第三,它与贯彻实施《居委会组织法》的试点居委会相比,既有试点居委会依法试点的先行性,又高于试点居委会。试点居委会主要研究如何贯彻实施《居委会组织法》的问题,而示范居委会侧重研究如何贯彻好的问题。因此,试点的居委会不一定都能成为示范居委会,而示范居委会一定是试点的继续和深化,是

更高层次的试点,具有更加深刻、更加全面的示范性。

3.创建示范居委会的目的就是建设一个民主、法治、文明的示范社区。示范居委会是全面深入贯彻实施《居委会组织法》的典范,对城市两个文明建设有着积极的促进作用。示范居委会的创建就是要将居民区建设成为一个环境优美、社会安定、文明礼貌、经济繁荣、生活方便的文明地区。随着城市示范居委会的发展,成百上千个示范居委会将连成文明片区,形成文明城市,这必将有力地促进城市基层社会主义民主、社会主义法治和城市社会主义物质文明、精神文明建设的发展。

二、如何创建示范居委会是值得认真研究的一个课题

创建示范居委会一般应有六个步骤或过程,即调查研究——确定标准——制订计划——组织实施——检查评比——总结提高。

1.调查研究。调查研究是指收集事实、数据,了解情况,研究材料,从现象中寻求本质,从经验中推导理论。而创建示范居委会进行调整研究的作用是了解居委会的现状,并通过深入的研究分析,找到居委会建设发展的规律和内在原因。并对居委会进行归类,把居委会分成好、中、差三类,重点是划出本地区的一类居委会,即居委会班子强、制度健全,有经济实力,各方面的关系处理好,"三自"作用发挥得好,各项工作出色,深受广大居民拥护的居委会。

2.确定标准。就是确定示范居委会应具备的条件。这个条件要全面按照《居委会组织法》的规定和结合一类居委会的现状制订,要做到软件、硬件相结合,并有一定的深度和量度。其内容主要包括 5 个方面:第一,组织机构健全。包括 3 个层次:(1)居委会成员依据组织法的有关规定民主选举产生;(2)人民调解、治安保卫、公共卫生、民政福利等下属组织与妇代会、老龄委等机构健全,能正常开展工作,充分发挥作用;(3)建立了居民小组,选有小组长和墙门(群楼)代表。第二,各项制度完善。主要建好 8 个方面的制度:(1)居委会年度计划和三年任期目标制度;(2)日常的工作、学习、会议、廉政等制度;(3)居委会成员及各工作委员会的岗位责任制度;(4)评议居民干部和群众监督制度;(5)健全基础资料、图表、簿册、会议记录和有关居委会干部、文书档案制度;(6)建立居民公约和居民会议议事规则等制度;(7)建立财务管理、检查制度;(8)建立居委会成员民主生活会制度。第三,处理好各方面的关系。主要是 4 个方面:(1)自觉认真地接受政府和它的派出机关的指导,积极主动地协助政府和它的派出机关开展工作;(2)开好居民会议,认真组织执行居民会议

的决议,及时反映群众的意见和建议,密切党、政府和群众的关系;(3)与辖区单位互相配合,建立组织、形成制度,共管、共建、共兴、共荣,促进本地区的两个文明建设;(4)自觉接受居民区党支部的政治领导。第四,充分发挥"三自"作用,各项工作成绩显著。(1)自我教育,要做到有宣传教育阵地,有宣传设施,采取多种形式,开展五好楼群、五好家庭、文明市民、社区文体、"四有、五爱"教育等活动,形成文明风气。(2)自我服务,要做到有社区服务设施,形成服务网络,开展社区自愿服务活动,为居民群众创造生活便利的条件,并有一定的集体经济实力。(3)自我管理,要求做到有组织、有人员、有制度、有措施、有活动、有效果,治安、调解工作做得好,是安全居民区;(4)绿化卫生工作做得好,是花园式文明卫生居民区;计划生育、优抚救济等工作出色,是先进居民区。(5)居委会基本建设好,有固定的能开展各项工作需要的办公用房、活动场所和完备的办公用具用品。居委会干部的生活补贴、工作经费基本得到了保障。

3.制订计划。也就是制订创建示范居委会的发展计划。主要内容包括:创建示范居委会的指导思想,确定创建示范居委会的单位,并按示范标准确定建设发展项目(包括软件和硬件两个方面),实施步骤,方法和组织领导等方面。计划的制订既要高标准,又要切实可行,行之有效。

4.组织实施。这是贯彻计划的具体行动,也是创建示范居委会的重要步骤,在这个过程中要做到依法、规范、求实、进取。第一,依法,就是要依照《居委会组织法》办事,要依法民主选举居委会成员,依法召开居民会议,依法制订,实施居民公约,等等。总之,创建示范居委会的全过程,就是贯彻实施《居委会组织法》的全过程。第二,规范,就是按示范居委会的标准,严格地组织实施,使居委会的组织建设、制度建设等达到标准。第三,求实,就是讲求实际。创建示范居委会不能搞花架子,不能光纸上谈兵,更不能低标准挂彩带,就是要打好基础,抓出实效,使示范居委会真正地名副其实,有目共睹。第四,进取,就是努力向前。世界上没有一个恒久静止的事物,一类居委会、示范居委会也是要发展的,因此,我们在组织实施中,必须具备进取的精神,只有这样才能使我们的居委会建设不断发展、不断完善。

5.检查评比和总结提高。按照示范居委会的标准,检查居委会的创建情况,评出示范居委会,并总结他们的经验,指导其他居委会的建设,提出更高更新的标准。因此,创建示范居委会的过程,也是一个发展的,循环往复、螺旋上升的过程。

三、创建示范居委会应作为贯彻好《居委会组织法》的一项重要工作

创建示范居委会是全面深入贯彻实施《居委会组织法》的一项必要措施。也是完善基层社会主义民主和法治建设,创建文明城市的基础工程。因此,创建示范居委会的活动要作为一项重要的工作来抓,并做到以下四点:一是要在党委、人大和政府的统一领导下进行,有计划有步骤地组织实施;二是各级民政部门切实负起责任,深入示范单位具体指导,并及时总结经验,帮助解决存在的问题;三是全社会各部门各单位都要热情关心和积极支持居委会的工作,要同居委会共同搞好本地区的文明建设;四是每个居委会都应树立起勇攀高峰的信心,在政府和派出机关的帮助下,通过周密规划、不懈的努力奋斗,达到示范居委会的标准。总之,开展创建示范居委会的活动非常必要,它是全面深入贯彻实施《居委会组织法》的需要,是加强城市基层社会主义民主、法治建设的需要,是促进城市两个文明建设的需要。因此,要把这项活动作为当前加强城市基层政权建设的一件大事来抓,把贯彻《居委会组织法》和加强居委会的建设提高到一个更高的层次,真正地把居委会建设成为城市基石。

【选自《实践与思考》——中国基层政权建设研究会 1991 年年会论文集,作者系浙江省杭州市民政局政权处处长毛天语】

关于印发《杭州市市级示范居民委员会标准》的通知①

杭居领字〔1991〕第 02 号

各县(市)、区人民政府,市政府各部门,各直属单位:

为了全面深入贯彻实施《中华人民共和国城市居民委员会组织法》,根据杭政办发〔1991〕90 号"关于开展创建示范居民委员会活动的通知"精神,现将《杭州市市级示范居民委员会标准》印发给你们。望根据标准,切实加强居民委员会建设,充分发挥居民委员会自我教育、自我管理、自我服务的作用,使居民委员会成为社会主义物质文明和精神文明建设的窗口。

附:《杭州市市级示范居民委员会标准》

杭州市贯彻实施《中华人民共和国城市居民委员会组织法》领导小组

1991 年 11 月 5 日

杭州市市级示范居民委员会标准

一、组织机构健全

(一)居民委员会成员依据《中华人民共和国城市居民委员会组织法》的有关规定民主选举产生。

(二)人民调解、治安保卫、公共卫生、民政福利等下属工作委员会与妇代会、老龄委等机构健全,能正常开展工作,充分发挥作用。

(三)每个居民小组由 50 户左右居民家庭组成,选有小组长和墙门(楼群)代表。

二、各项制度完善

(一)居民委员会定有 3 年任期目标、年度工作计划以及日常工作、学习、

---

①　原文标题为《转发区民政局关于加强居民区企业管理的意见的通知》。

会议、廉政等制度。

（二）居民委员会和各工作委员会有各司其职的岗位责任制,并有相应的群众监督制度和评议居民干部制度。

（三）居民委员会各项工作的基础资料齐全,建有必要的图表、簿册、会议记录和居委会干部、文书档案。

（四）制订了居民会议议事规则和居民公约,并能很好地贯彻施行。

（五）建立完善的财务管理制度和检查制度,收支账目公开,接受国家有关部门和居民会议的监督。

（六）居民委员会开展工作、决定问题本着少数服从多数的原则,居民委员会成员民主生活会每年至少开两次。

三、坚持四项基本原则,处理好与各方面的关系

（一）坚持四项基本原则,反对资产阶级自由化,保持社会稳定和居民生产生活的安定。

（二）自觉认真地接受政府和它的派出机关的指导,积极主动地协助政府和它的派出机关开展工作。

（三）居民委员会开展自治活动,要坚持社会主义民主的原则,坚持居民自愿的原则,大家的事大家办的原则,相信群众,尊重群众,遇事多同群众商量,有关全体居民利益的重大问题,要经过居民会议讨论和通过。及时向政府和它的派出机关反映居民的意见、要求和建议。每年至少召开一次居民会议,并认真组织执行居民会议的决议。

（四）密切与辖区单位的关系,建立联系组织和制度,做到共管、共建、共兴、共荣,促进本地区两个文明建设的发展。

（五）自觉接受居民区党支部的政治领导。

四、充分发挥"三自"作用,各项工作成效显著

（一）自我教育要求有固定的教育阵地（如居民学校等）和宣传设施（如黑板报、阅报栏或有线广播、闭路电视等）,采取多种形式,向居民宣传党的路线、方针、政策和国家的法律、法令、法规。经常性开展"四有""五爱"教育和丰富多彩的社区文体活动。坚持移风易俗宣传,鼓励婚事新办,丧事简办。争创五好楼群、五好家庭,争做文明市民。

（二）自我服务要求积极兴建社区服务设施,形成服务网络,开展社区自愿

服务活动。居民委员会集体经济年利润达5万元以上。

(三)自我管理要求做到有组织、有人员、有制度、有措施、有效果。社会治安状况良好,家庭邻里和睦,基本无封建迷信活动和赌博现象,无重大案件或非正常死亡事件发生,是安全居民区。积极组织发动居民治脏、治乱、消灭四害,植树、种花、美化环境,是卫生绿化先进居民区。

(四)居民委员会基本建设好,有固定的能满足开展各项工作需要的办公用房、办公用具和活动场所。

(五)计划生育、优抚救济、青少年教育等其他工作完成出色。

【由杭州市上城区档案馆提供】

宋平会见街道办事处主任培训班学员①

　　中共中央政治局常委宋平今天下午在会见参加全国首期街道办事处主任培训班学员时指出,街道办事处和居委会每天都直接同居民群众打交道,工作做得好坏,干部作风的好坏,都关系到群众的利益,也关系到党和政府在群众中的威信。他希望在街道工作的同志们在做好为群众服务工作的同时,积极反映居民群众的呼声和要求,帮助各级党委、政府及有关部门改进工作。

　　为提高街道干部素质、推进街道工作,民政部于 10 月 7 日至 11 月 8 日,在北京举办了建国以来首期城市街道办事处主任培训班。参加这次培训班的学员共 63 名,分别来自全国 27 个省、自治区、直辖市的 55 个城市的 63 个街道,大多是由所在地区市政府选送的优秀街道工作干部。

　　会见在人民大会堂举行。宋平在讲话中对大家说:"你们长年累月在城市最基层工作,为城市的建设和管理做出了重要贡献,我代表党中央、国务院向你们表示问候,并请你们转达党中央、国务院向所有在街道、居委会工作的同志们的问候。"

　　他指出,随着我国社会主义现代化建设的发展,城市建设和城市工作越来越重要。街道办事处是我国城市基层政权的派出机关,担负着城市物质文明和精神文明建设的重要任务,在社会治安、市政管理、社区服务、计划生育等方面,发挥着重要作用。街道、居委会的同志,工作是很辛苦的,责任是很重的。

　　宋平说,社会主义事业是人民群众自己的事业,要发动和依靠群众,积极参与社会管理,真正行使人民当家做主的权利。作为上级党委和政府,应当重视和关心街道工作,积极为街道的同志解决一些实际困难,创造必要的工作条件。但从根本上说,街道的许多工作,还是要发动群众来做,提倡自我管理、自我服务。这样,许多事情就好办了。

　　民政部部长崔乃夫等有关方面负责人会见时在座。

　　　　　　　　　　　【选自《人民日报》1991 年 11 月 8 日】

---

　　① 原文标题为《宋平会见街道办事处主任培训班学员　代表党中央、国务院向在街道及居委会工作的全体同志致以问候》。

杭州市江干区紫阳街道社区服务志愿者协会章程

社区服务志愿者协会是社区成员自我管理和自我服务的群众组织。它继承中华民族的光荣传统,发扬全心全意为人民服务的无私奉献精神,义务为社区群众提供各种服务,在社区成员之间建立"我为人人、人人为我"的人际关系。其主要任务是:组织协调、指导各居委会志愿者协会,根据社会发展和社区群众的需要开展互助活动,起到拾遗补缺的作用。做到为政府分忧,为居民解难,为巩固安定团结的局面、促进两个文明建设做出贡献。

第一章　协会会员

第一条　承认协会章程,志愿参加本会组织,即可为本会会员。

第二条　会员必须履行志愿为本街道居民提供服务的义务。

第三条　会员有参加协会组织的各种活动的权利,有享受他人为其提供优先服务的权利。

第四条　会员有入会的自由,也有退会的自由,会员连续半年以上不参加协会组织的各种活动,即视作自动退会。

第五条　会员必须遵守国家政策法令,对严重违反国家政策法令到政府追究刑事责任者,即除名。

第二章　协会组织

第六条　协会设常务理事会,由委员民主协商产生,常务理事由 9～15 人组成,负责组织领导工作。

第七条　理事会设会长 1 名,副会长 3 名,秘书长 1 名,负责日常工作。

第八条　正、副会长,理事任期两年,因故出缺可及时增补。

第九条　各居民区设立志愿者协会,按楼群或地段分若干志愿者协会小组。居民区志愿者协会接受街道志愿者协会的领导。

第三章　协会活动

第十条　调查居民迫切需要解决的实际困难,组织服务。

第十一条　协会服务采取有组织与分散相结合,有偿服务与义务服务相结合的原则进行。

第十二条　协会活动经费,由街道办事处拨款,用于购置必要的办公用品和活动奖励。

第四章　协会与街道办事处关系

第十三条　协会是街道办事处社区服务的一个群众组织,接受街道办事处的指导,并对社区服务志愿者协会做出优异成绩的会员,给予表彰和奖励。

第十四条　街道办事处要为协会开展活动创造条件。

第十五条　本章程自协会成立之日起生效。

杭州市江干区紫阳街道志愿者协会

1991 年 12 月 7 日

【由杭州市上城区紫阳街道办事处提供】

1992

天津市实施《中华人民共和国城市居民委员会组织法》办法

（1992年1月27日天津市第十一届人民代表
大会常务委员会第三十二次会议通过1992年1月27日公布施行）

第一条　为加强本市居民委员会的建设,促进城市基层社会主义民主和城市社会主义物质文明、精神文明建设的发展,根据《中华人民共和国城市居民委员会组织法》,结合本市情况,制订本办法。

第二条　居民委员会是居民自我管理、自我教育、自我服务的基层群众性自治组织。

区、县人民政府和街道办事处,乡、民族乡、镇人民政府对所辖地区内的居民委员会的工作给予指导、支持和帮助。

居民委员会协助所在地的人民政府或者街道办事处开展工作。

第三条　居民委员会建设的日常工作,由市和区、县民政行政主管部门负责。

第四条　居民委员会的任务:

（一）宣传宪法、法律、法规、规章和国家的政策,维护居民的合法权益,教育居民遵纪守法,履行依法应尽的义务,爱护公共财产;

（二）发动和组织居民开展多种形式的社会主义精神文明建设活动,创建文明家庭、文明楼院、文明居民区;

（三）办理本居住地区居民的公共事务和公益事业;

（四）开展社区服务活动,可以组织居民群众因地制宜地兴办便民利民的生产、生活服务事业;

（五）调解民间纠纷,促进家庭和睦、邻里团结和社会安定;

（六）监督居民公约的执行;

（七）协助维护社会治安,参加社会治安的综合治理;

（八）协助人民政府或者街道办事处做好与居民利益有关的公共卫生、计划生育、优抚救济、婚丧习俗改革、青少年教育、维护妇女儿童和老年人合法权益等项工作;

（九）向所在地人民政府或者街道办事处反映居民的意见、要求和提出建议。

第五条　多民族居住地区的居民委员会,应当教育居民互相帮助、互相尊重,加强民族团结。

第六条　人民政府有关部门要求居民委员会协助进行与居民利益密切相关的工作,须经区、县人民政府或者街道办事处,乡、民族乡、镇人民政府同意并统一安排。要求居民委员会协助工作的部门应当提供必要的费用,并根据工作需要派出相应的工作人员。否则,居民委员会有权拒绝。

第七条　各级人民政府及其有关部门对居民委员会兴办的便民利民的生产、生活服务事业,在审批场地、办理营业执照、物资供应、征收费用、税收等方面,依照有关规定给予扶持。

第八条　居民委员会管理本居民委员会的财产。任何部门、单位和个人不得侵犯居民委员会的财产所有权。

第九条　居民委员会根据居民居住状况,按照便于居民自治的原则,一般在 500 户至 700 户的范围内设立。各区、县人民政府也可以根据实际情况,适当扩大或者缩小设立规模。

居民委员会的设立、撤销和规模调整,由所在街道办事处或者乡、民族乡、镇人民政府提出意见,报区、县人民政府批准,并报市民政行政主管部门备案。

第十条　居民委员会由主任、副主任和委员共 5 至 9 人组成。

多民族居住地区的居民委员会中,应当有人数较少的民族的成员。

第十一条　居民委员会每届任期 3 年,其成员可以连选连任。

第十二条　居民委员会的换届选举工作由市人民政府统一部署,受区、县人民政府和街道办事处及乡、民族乡、镇人民政府的指导,由居民会议通过的居民委员会换届选举工作领导小组主持。

第十三条　居民委员会主任、副主任和委员,由本居住地区全体有选举权的居民或者由每户派代表选举产生,也可以由每个居民小组推选代表 2 至 3 人选举产生。具体办法由居民会议决定。

第十四条　居民委员会组成人员的候选人,可以由居民委员会换届选举工作领导小组推荐,也可以由选民 10 人以上、户代表 5 人以上或者居民小组代表 3 人以上联合提名。对所提候选人应反复酝酿协商,根据较多数选民的意愿,确定正式候选人。正式候选人名单应当在选举日前张榜公布。

第十五条　居民委员会组成人员的产生,采用差额或者等额选举,以无记名投票方式进行。

有选举权的居民、户代表或者居民小组代表过半数参加投票,选举有效。

候选人必须获得参加选举的人员过半数选票，方可当选。

获得过半数选票的候选人名额超过应选名额时，以得票多的当选。如遇票数相等不能确定当选人时，应当就票数相等的候选人重新投票。

获得过半数选票的当选人名额少于应选名额时，不足的名额应当在没有当选的候选人中另行选举，以得票多的当选，但是得票数不得少于选票的三分之一。

第十六条　居民委员会按居住状况设若干居民小组，一般 15 户至 50 户设一个居民小组，小组长由居民小组推选。

第十七条　依照法律被剥夺政治权利的人编入居民小组，居民委员会应当对他们进行监督和教育。

第十八条　居民会议每年至少召开一次。

居民会议的组成、召集和议事规则，按照《中华人民共和国城市居民委员会组织法》第九条和第十条的规定执行。

居民会议在必要情况下，可以邀请本居住地区的单位参加。

第十九条　居民会议职权：

（一）听取和审议居民委员会的工作报告；

（二）讨论制订居民公约；

（三）撤换和补选居民委员会成员；

（四）监督本居民委员会财产的管理和使用情况；

（五）讨论决定涉及本居住地区居民利益的重要事项。

第二十条　居民公约由居民会议制订后，报所在街道办事处或者乡、民族乡、镇人民政府备案。居民和本居住地区的单位应当遵守居民公约。

居民公约不得与宪法、法律、法规、规章和国家的政策相抵触。

第二十一条　居民委员会决定问题，采取少数服从多数的原则。

居民委员会成员应当遵守宪法、法律、法规、规章和国家的政策，带头执行居民公约，办事公道，廉洁奉公，热心为居民服务。

第二十二条　居民委员会根据需要，设人民调解、治安保卫、民政福利、公共卫生、文教计划生育等工作委员会。各工作委员会一般由 3 至 7 人组成。居民委员会成员可以兼任所分管的工作委员会的成员。居民较少的居民委员会可以不设工作委员会，由居民委员会的成员分工负责有关工作。

第二十三条　居民委员会办理本居住地区公益事业所需的费用，经居民会议讨论决定，可以根据自愿原则向居民和本居住地区的受益单位筹集，不得强行摊派。所筹集的资金按预算外资金管理,收支账目应当及时公布,接受居民监督。

第二十四条　居民委员会的工作经费和来源,居民委员会成员生活补贴费的范围、标准和来源及拨付办法,由市人民政府规定。

退离居民委员会后无固定收入的原居民委员会成员的生活补贴费,按照市人民政府有关规定执行。

居民委员会办公用房的建设,列入城市建设规划。现有居住地区居民委员会没有办公用房的,由区、县人民政府统筹解决。

第二十五条　机关、团体、部队、企业事业单位的职工及家属、军人及随军家属,参加居住地区的居民委员会;其家属聚居区可以单独成立家属委员会,承担居民委员会的工作,在所在地的区、县人民政府或者街道办事处,乡、民族乡、镇人民政府和本单位的指导下进行工作。家属委员会的工作经费和家属委员会成员的生活补贴费、办公用房,由所属单位解决。

第二十六条　各级人民政府及街道办事处对做出突出贡献的居民委员会及其成员应当给予表彰。

第二十七条　部门或者单位侵犯居民委员会财产所有权的,由其上级行政主管部门责令改正。拒不改正的,依法追究法律责任。

第二十八条　本办法自公布之日起施行。

杭州市上城区人民政府办公室转发区民政局
《关于加强居民区企业管理的意见》的通知^①

上政办〔1992〕7 号

区政府直属各单位、各街道办事处：

区民政局《关于加强居民区企业管理的意见》，已经区政府领导同意，现转发给你们，望各街道和有关单位认真研究执行。

杭州市上城区人民政府办公室

1992 年 2 月 10 日

关于加强居民区企业管理的意见

为了进一步发展居办企业，增强居委会工作活力，本区对居办企业既要积极支持，又要完善管理，以促进居民区经济和各项事业的健康发展的指导思想，根据区政府常务会议〔1991〕6 号纪要精神，提出如下具体意见。

一、建立统一的居民区企业管理机构

各街道办事处建立居民区企业管理办公室，作为街道居办经济管理部门，居企办配备 2～3 名工作人员，由街道内部调剂解决。

居企办的职责，具体负责对居民区企业的生产经营业务管理、指导、服务、协调工作，主要是指导企业积极开展生产经营业务活动；传递商品信息和价格政策；帮助居委会审查、确定企业承包人和承包协议的签订；财务的统一监督和管理，工资、奖金的核发；帮助居民区统一办工商登记手续；协助企业处理债权债务等。居民区企业的开办、变更、停业、转业、合并、歇业等工商登记手续，经居企办初审后，区政府各有关职能部门应予准许，凡计划供应物资仍按原渠道供应。

---

① 原文标题为《转发区民政局〈关于加强居民区企业管理的意见〉的通知》。

二、坚持和完善居办企业承包经营责任制

坚持加强管理与深化改革相结合,强化居企的激励机制、约束机制,重点是认真搞好居企承包经营责任制的配套、深化、完善工作,以促进居企经济持续、稳定、协调发展,对居民区"一脚踢"承包企业,要切实加强监督、检查,完善管理办法,发现问题及时研究解决,防止和改变"以包代管"的现象。

对"一脚踢"承包形式的企业,凡是承包期已满,需作新一轮承包时,要充实合同内容,做到明确、具体、完整、量化,使当事人之间的权利义务趋于合理对等。对这些企业,(1)居民区必须投入适量资金;(2)签订承包协议时,必须做到"六定",即定人员、定工资、定销售额、定税利、定风险基金、定交居民区实际承包金额(承包金额必须在税后列支);(3)企业财会人员必须由居民区或居企办委派,一切经济活动必须通过账面反映;(4)对合同中的辅助指标要做出具体明确的规定,合同期满应进行审计,根据不同的违约行为,确定双方不同的违约责任,有效地指导当事人签订好企业承包经营合同。

三、加强居民区的财务管理

街道居企办对居民区企业的财务实行统一管理,各居民区企业要设专职会计或区片会计,负责对所属企业的财会工作,并依法对企业进行监督、检查,财务按居民区建账立户,街道居企办每月向居民区反馈所属企业的经营和财务情况。

居企办的综合经济财务报表,应按规定时间,分别送交街道有关公司,统一汇总报区有关职能部门。

(1)居民区行政性财务收支管理,应由居民区自己建账管理,街道不宜统得过死。凡按政策规定政府划拨的经费,企业上缴的税后利润,应按时划拨居民区,归居民区所有,居民区按规定范围有权使用(标准由各街道自定)。为了便于街道宏观控制,超出规定的要报街道审核同意。居民区的行政费用收支情况,应每月按报表规定要求上报街道行政办公室。

(2)无论是居企办的财会人员,还是居民区片的财会人员和居民区的财会人员,都应做到记账、算账,报账手续完备,发票单据坚持一票三章制进账,内容真实、数字准确、账目清楚、日清月结,自觉维护财政纪律和财务制度。

四、继续支持和促进居民区企业稳定发展

居民区企业年利润在万元以下的,由企业申请,居企办审核,报经区财税部门批准,给予减免所得税。免税所得款项由居企办统筹用于发展再生产,不得另作它用。居企办向居办企业收缴管理费标准,仍按上政〔1990〕78号文件规定执行。居办企业的管理费由街道居企办统一收取再行分配,分配比例除按规定上缴区商业局、区劳服公司各10％外,其余由居企办留用,统筹用于发展居办经济,税后利润分配按原规定不变。

区商业、工商、城建、防疫等各有关部门,要按照全方位发展经济的要求,继续支持发展居民区经济,在不违背政策法规的前提下,从项目审批,工商登记、经营范围、场地使用等方面给予适当照顾,并减少审批环节和手续,为发展居民区经济提供方便,创造条件。

杭州市上城区民政局

1992 年 1 月 25 日

【由杭州市上城区档案馆提供】

浙江省民政厅、浙江省计划生育委员会转发民政部、国家计划生育委员会《关于乡（镇）、城市街道计划生育协会复查登记有关问题的通知》①

各市、地、县民政局、计划生育委员会：

现将民政部、国家计划生育委员会《关于乡（镇）、城市街道计划生育协会复查登记有关问题的通知》（民社函〔1992〕11 号）转发给你们，望结合当地实际情况，贯彻执行。

浙江省民政厅　浙江省计划生育委员会

1992 年 2 月 14 日

关于乡（镇）、城市街道计划生育
协会复查登记有关问题的通知

各省、自治区、直辖市、计划单列市民政厅（局）、计生委：

中国计划生育协会及各地方计划生育协会是协助各级政府落实我国计划生育这一基本国策的群众性社会团体，按照《社会团体登记管理条例》规定，均应进行社会团体登记。但是，根据我国乡（镇）、城市街道计划生育协会及村、城市居民委员会计划生育协会的实际状况，经研究，决定：

一、乡（镇）、城市街道计划生育协会，可在县级计划生育协会履行登记时，由县级计划生育协会统一办理备案手续，不再另行登记。如果条件完备，本身要求作为独立社团申请登记的，其所在县（区）民政局应予以办理登记手续。

二、村、城市居民委员会计划生育协会可直接在乡（镇）、城市街道计划生育协会指导下开展活动，不须进行社团登记。

民政部　国家计划生育委员会

1992 年 1 月 14 日

【由杭州市上城区档案馆提供】

---

①　原文标题为《转发民政部、国家计划生育委员会〈关于乡（镇）、城市街道计划生育协会复查登记有关问题的通知〉》。

老有所为与社区建设

街道、居委会的社区建设与老年人的利益息息相关。搞好社区建设有利于老年人的"老有所养、老有所医、老有所学、老有所乐",使他们健康幸福地度过晚年;同时,老年人的"老有所为"对促进社区建设发挥着越来越重要的作用,主要有以下几个方面:

一、为街政建设当主力军

城市里的老年人,绝大部分是离退休职工。而城市居民委员会工作中的骨干,大多数由离退休人员担任。他们面向社会、面向基层,扎根于群众之中,是党和政府联系群众的桥梁和纽带。辽宁省现有街道办事处 458 个,居委会 9565 个,居民小组 146268 个。几年来,在各级党委和政府的统一领导下,全省居委会普遍进行了整顿,加强了组织建设和制度建设,居民自治作用得到了进一步的发挥,街道、居委会工作出现了蓬勃发展的新局面。全省居委会干部中离退休人员占总数的 70%,过去年轻的义务居委会干部如今也已迈入老年人的行列,占居委会干部总数 20%,合计老年人占居委会干部总数 90% 以上。

辽宁省街道党员中离退休党员已占总数的 90%,是构成街道党员队伍的主体。他们中的绝大多数党龄长、党性强、觉悟高,有比较坚定的理想信念;他们经历了长期革命斗争和实践工作的考验和锻炼,具有丰富的经验和技能。沈阳市和平区十四纬路街道近江西居委会支部书记兼主任田禾融,65 岁,任居委会主任以来热心为群众服务,不断总结经验,对居委会工作实行了规范化、系统化、科学化的管理。这个居委会创办了一整套服务设施,包括 9 个系列,35 种服务项目,如为群众换房、提供法律咨询、寄存花卉、婚姻介绍、为儿童准备午餐等。这些服务网点安置各类人员 88 人,为居民提供了方便。这个居委会成为省级先进居委会,田禾融同志被誉为"昔日大学教授,今日大院总理",荣获区、市"优秀共产党员"称号、和平区"老有所为精英奖"。

二、为发展街居经济献智出力

随着改革开放政策的深入贯彻,城市街居经济同农村乡镇经济一样,成为推动整个经济发展不可忽视的力量。据不完全统计,目前辽宁省街办企业已达两万多个,从业职工约 50 万人,有一批街办企业年创利润超过百万元,还有相当一批居委会年创利润超 10 万元。

在发展街居经济中,离退休人员发挥了重要作用。他们在组织领导、管理咨询、传授技艺、培训职工、维修设备、技术攻关、开发新产品等方面都成为骨干力量。如沈阳市和平区 20 个街道办事处新办的企业中,离退休老同志有 7999 人,占职工总数 47%。这些老同志给区街经济注入了生机和活力。该区街道共办 648 家企业,其中 409 家的主要负责人由老同志担任。

三、为社区服务大显身手

随着工业化、现代化、城市化进程中出现的人口老龄化、家庭小型化和生活节奏的加快,生活方式的变革,人们对社会福利和服务的需求,愈来愈广泛,愈来愈迫切。因此需要依靠街道、居委会动员社会各方面力量,运用多种服务形式,为社区居民提供各种社会福利与社会服务。目前,辽宁省已有街道办老年人残疾人寄托站、康复站、工疗站、活动站、婚姻介绍所、敬老院、托老所、老年人公寓等福利服务设施 1629 个,居办便民利民服务网点 10320 个,积极开展了各种服务活动,为社区人民群众办了大量的实事好事,从而大大增加了街道、居委会的凝聚力。

社区服务又为广大老年人积极参与社会提供了广阔天地。各地在开展社区服务中,离退休人员越来越多。他们以本社区为基本阵地,服务的范围主要是街道和居委会,服务网点遍及大街小巷,服务对象多是左邻右舍。社区服务涉及到居民生活的各个方面,领域宽广,项目繁多,内容丰富。老年人可以根据自己的身体状况,能力大小,闲暇多少,因人制宜,量力而行,选择适合个人的服务项目、内容和方式。总之,老年人可以发挥自己的聪明才智和实践经验,在社区服务便民利民中大显身手。

四、为社会公益事业无私奉献

城市街道、居委会的工作十分繁杂,可以说包罗万象,其中社会公益工作内容又特别广泛,指望少数街居干部或在职职工难以完成任务。而老年人特别是离退休的老干部、老工人、老党员,在社会公益事业中却可以发挥巨大作用。这个宝贵的老年群体中蕴藏着极大的社会主义积极性,是我们取之不尽、用之不竭的力量源泉。绝大多数老年人,经过组织引导、发动和鼓励,都能积极踊跃地投身到无偿的社会公益活动中来,在两个文明建设中无私奉献,创造出难以用金钱计量的社会价值。

老年人积极参加创建文明街道、文明居委会、文明楼院、五好家庭活动;积极参与清扫卫生、义务修路、美化环境、移风易俗、宣传计划生育、调节民事纠纷;参加治安巡逻,看门望锁,协助维护社会治安;进行普法教育等社会公益事业,为社区建设做出无私奉献。丹东市元宝区珍珠行政街道的冷淑梅,多年来一直坚持帮教劣迹、失足青少年,自觉自愿尽义务,不但不要国家一分钱的报酬,而且自己还搭上了好几千元。她通过各种形式接触和帮教过的对象,达1000余人次,对来信求教的回书3000多封,走访了18个劳改劳教单位百余次,经她亲手帮教现已改好的就有300多人。她说:"人活在世上,不能光想自己,也要为别人,为社会做点贡献,才不愧对人生。"

五、为活跃社区群众文化尽力

随着经济的发展,社会的进步,人民群众生活水平的提高,人们要求有丰富的精神生活。适应这种要求,积极开展多种多样的文化体育活动,是社区建设的一个重要内容,也是老年人"老有所乐"的需要。近几年来,街道有越来越多的老年活动室,有玩、有乐、有学、有练,内容越来越丰富,参加的人越来越多。不仅搞室内活动,如打台球、麻将、扑克,下象棋、跳棋、军棋,阅报刊杂志,开展多种游艺、文艺以及书法比赛,组织形势教育、法律知识讲座等。有些地方还搞室外活动,如组织老年人秧歌队、迪斯科队、晨练队、时装表演队、老年人运动会、家家乐运动会等。每个人都有个人的爱好,有的老年人喜欢锻炼,有的人则喜欢栽花种草、饲养鱼鸟,还有的人则喜欢下棋等,兴趣各不相同。要使每个人都能按其所好发挥特长,丰富美化生活,锻炼身体,陶冶情操。通过这些活动,老人们可以实现"老有所乐"。实际上许多社区群众文化活动,又是老年人自己组织、自我管理、自我服务、自我教育的。比如,老年人活动室,由老年人管理,老年人既得到服务,又尽可能为他人服务、为社会服务。因此,也可以这样说,这又是"老有所为"的一个重要方面。

六、为社会培养教育下一代

我国当今的老年人,尤其是老干部,大都具有较高的马列主义素养,坚定的共产主义信念,正反两方面的丰富经验,宝贵的优良传统和作风,蕴藏着极大的政治优势。他们对中青年,以情感人,以理服人,以身教人,在思想政治上,能够起到很好的传帮带作用。特别是培养教育后代,老年人更是大有用武之地。最方便的阵地就是家庭,差不多每位老年人都是可以有所作为的。

　　家庭是以血缘维系的人们共同生活、劳动和养育后代的社会基层细胞。老年人特别是离退休人员在一个家庭里,如果对儿、孙进行正确指导和起着良好影响,那么对整个社会的发展就能起到重要的促进作用。古今中外,人人皆知,家庭环境、家庭教育对后代的影响是很重要的。积极去影响、指导、教育子孙后代,是每个老年人都应该和可以做到的"老有所为"。特别是对于邻里、亲戚、朋友,本街道、居委会的青少年,离退休人员可以做大量的工作。比如,用马列主义、毛泽东思想和具有中国特色的社会主义理论,中华民族的优良传统、中国革命的历史经验、中国的国情、先进的科学文化、健康文明的生活方式、高尚的伦理道德等逐步武装青少年,培养教育下一代,会收到很好的效果。这是具有根本意义的"老有所为"。沈阳市大东区街道、居委会的老年人对于社区的孤儿给予了更多的关心和培育,使他们能够健康成长。孤儿深情地称:"居委会是我的家,居委会主任就是我的妈。"这种人际关系,充分体现了社会主义制度的优越性。

　　实践告诉我们,老年人离不开社区,社区离不开老年人。街道、居委会不仅是老有所养、老有所医、老有所学、老有所乐的场所,也是老有所为的广阔天地。因此,我们应该采取切实有效的措施,更好地关心、支持"老有所为",搞好社区建设。

(作者系辽宁省民政厅副厅长张志新)

【选自《中国社区建设发展之路》】

对社区建设几个问题的再思考

认识有一个逐步深化和逐步提高的过程,正因为这样,我想就社区建设中的有关问题再谈谈看法,请同志们教正。

一、关于社区和中国城市社区的特征

按通常的说法,社区是居住在一定地理区域,具有共同关系、社会互动及服务体系的一个人群。大而化之也可以说,社区是一个相对独立的地区性社会。正是这样,所以社区的第一要素是以一定生产关系和社会关系为纽带组织起来的、并达到一定数量规模的、进行共同社会生活的人群;第二要素是人群赖以从事社会活动、有一定界限的地域;第三要素是有一整套相对完备的生活服务设施;第四要素是有一套相互配合的、适应社区生活的制度和相应的管理机制;第五要素是基于社区社会发展水平和历史文化传统的文化、生活方式以及与之相连的社区成员对所属社区在情感上和心理上的认同感和归属感。这"五要素"中,"人群"是社区的主体,"地域"和"生活服务设施"是物质基础,"制度"和"管理机构"是调节器,"认同感"和"归属感"是纽带。

原则地讲,作为一个"完整"的社区应该具备以上要素。这是加强社区建设的前提,也是推进社区发展的保证。但遗憾的是,目前我国城市基层社区还发育不全,许多要素缺乏。第一,在社区人与人的关系中缺乏一个能把大家连结起来的利益机制;第二,服务功能的社会化程度低,有许多服务设施和项目还未从单位和企事业分离出来;第三,社区中各单位尽管聚集在同一地域,但由于彼此分属不同的系统和行业,壁垒森严、各自为政,使社区的整合程度极低,功能不能得到正常发挥;第四,职业与收入的高度异质性,影响了社区整体意识的形成;第五,认同感和归属感比较淡薄。这些是目前中国城市社区的问题所在。从这些问题中不难看出,我国社区的功能还处在错位阶段,社区的要素实际上还发育不全。要使社区的要素完全形成,要使社区的功能真正归位,那不是短期内所能达到的,需要一个过程。只有在深化改革之后,即是说在实现社会保障的社会化、社会服务的社会化、就业的市场化和住宅的商品化以后,才能基本完成。因此,我们在制订社区建设规划的时候,在开展社区建设工作的过程中,一定要头脑清醒,不能急功近利,不能盲目冒进。要一步一个脚印,充分注意其现实性与可能性。

当然,这并不是说开展社区建设的步伐就可以放慢了,恰恰相反,经济发展需要社会发展同步。作为社会发展子系统的社区建设如果滞后,必将影响到整个社会发展的进程,最终也必将影响到经济的发展。从这个意义上讲,经济发展需要社区建设;从另一方面讲,实践也需要社区建设。目前社区发育不全是事实。但是,我们不能坐等它的完善,应该通过社区建设来促进它的发育,在它的发育过程中进一步推动社区建设的发展。现在,社区人际关系封闭和在职业上、收入上出现的异质性而带来的各种社会问题,以及居民日益增长的物质和文化生活方面的需求,都需要通过开展社区建设来加以协调和解决。只有这样,社区的要素才能逐渐生成。社区才能从"虚拟的社区"过渡到现实的社区。

二、关于社区建设中"社区"两字的含义

作为"社区"这一概念,到底指的是哪个层次的社区呢? 我认为这里所说的"社区",既不是指那种在世界范围内代表某一区域集团利益或者指大到一个国家的宏观社区,也不是指那种一个省、自治区、直辖市或指一个大城市范围的中观社区,而是指在我国城市的微观社区(农村社区不是本文所讲的对象,故略)。即使这样,它也还不是微观社区的全部。一般说来微观社区是在市辖区直到它的派出机关街道办事处、直到街道办事处指导下的居民委员会这么几个层次内。而社区建设所说的社区,具体地讲,它不是在市辖区这个层次,也不在街道或者居委会这个层次,而是在市辖区或者它的派出机关街道办事处之下、居民委员会之上这样一个层次。比如北京市一些街道下设的小区管委会、福建三明市一些街道成立的共建文明片、天津市河北区街道下设的住宅小区,它们就是我们所说的社区建设的基本单元。之所以确定在这个层次上是基于以下四个原因:(一)社区建设的主体是居民群众,居民群众的参与和居民群众的自我管理、自我教育、自我服务的行为,是社区建设的生命力所在。因此,只有放在这个层次上,才能保证居民群众的民主权利得到充分发挥,才可以把居民群众建设社区的积极性最大限度地调动起来。(二)社区建设也带有一定程度的政府行为,政府的支持、指导和帮助,是社区建设能够顺利开展的保证。没有一定的政府协调和干预,完全靠基层群众自治组织自己去建设社区,那就既很难提高,又不可能持久。(三)社区建设是一项系统工程,是一

项涉及社区社会进步方方面面的工作,是一个只有在较大的区域内才能完成的事业,起码是在两个或者更多一点的居委会空间。(四)如果不在这个层次,往下放是单个的居委会,它无力完成这个使命;往上是街道办事处,街道办事处是城市基层人民政府的派出机关,把社区建设放在这个层次,变成完全的政府行为,就可能压抑居民群众的参与积极性,侵犯群众的民主权利,就会造成政府包办代替的局面,而政府却又是包不起来的。

三、社会发展、社区建设与社区建设基金

社会发展广义地讲,是指具有复杂结构的整个社会的发展,它是经济发展、政治发展、科技发展、文化教育发展和精神发展等的综合。狭义地讲,它是非经济的发展,一般地说它包括人们物质生活水平的提高,教育水平的提高,精神生活的丰富,居住环境的改善,人的素质的提高和人的全面发展。社区建设实际上就是把狭义社会发展的指标体系社区化。社区发展是母体系,社区建设是子体系。社会发展指标体系,一般来讲是十三大项,即(一)自然环境;(二)人口与家庭;(三)就业与劳动;(四)居民收入与消费;(五)社会保障与福利;(六)住房与生活服务;(七)教育与培训;(八)科学研究;(九)卫生环境保护;(十)文化与体育;(十一)生活时间分配;(十二)社会秩序与安定;(十三)政治活动与社会活动的参与情况。在这里没有涉及经济,因为经济是社会的动力机制,而社会发展则是社会的稳定机制。社会就是被这两个轮子推向前的。正因为这样,我们的社区建设不能理解为全方位的建设,而也只能是对稳定机制所涉及的各方面内容的建设。我想它包括下述十四个方面的内容,即(一)社区家庭工作;(二)社区人的素质的提高;(三)社区资源的开发和利用;(四)社区的生态环境的保护;(五)社区科技水平的提高;(六)社区的社会保障构建;(七)社区社会安全的形成;(八)社区的住宅建设;(九)社区文化教育的普及;(十)社区体育卫生事业的发展;(十一)社区劳动就业的程度和水平;(十二)社区道德规范的形成;(十三)社区社会服务的开展;(十四)社区民主机制的发育。这里也没有谈到经济。其本意是想和宏观社会发展的内涵相对应。

在社区地域内,一般都存在有多种经济成分。大的不讲,街道经济、居办经济和个体经济是必然有的。但这些经济的产权都分别在街道、居委会和个体户手里,而且受着法律保护,社区这个目前虚拟的单位对它没有支配权和使用权,所以不能把它定为社区经济,它属于社区的社会经济,是整个社会经济

的一个组成部分。社区建设搞好了,社区发展上去了,就为社会经济,当然也包括社区社会经济的发展提供了良好的环境和条件。

社区建设没有经济如何动作?这是一个关系到社区建设能否生存的关键性问题。解决这个问题的办法,就是建立社区建设基金。基金来源:(一)国家资助;(二)个人或单位的赠款;(三)统筹金;(四)募捐资金;(五)社区通过开展服务活动获得的收入。建立社区建设基金是保证社区建设能够正常运行的支撑点。因此,基金的筹集和管理,基金的投向效益和增值,对社区来讲都是至关重要的。

四、关于社区建设的组织结构

社区建设是国家管理社会生活、群众管理社会生活和社会管理社会生活相结合的管理形式,具有国家行政、社会和基层群众相统一的特点。没有国家行政,社区建设就不可能成为有计划、有目的的行为,只能是一种自发的现象,是一种短期的行为,无力实现促进社区变迁推动社会进步的目标。但也不是说让国家行政包揽一切,社区内许多公共事务和公益事业,社区内社会服务方面的工作以及一切不需要国家而由社会或群众自己能办得到的事,就都尽可能地从国家职能中分离出去,再也不能重走社会生活国家化的老路了。国家行政在社区建设中的主要任务是:帮助弄清社区的资源及其状况;参与制订社区建设计划;为社区建设提供政策和法规保障;资助一些社区急需而群众又一时办不到的社区建设项目,为推进社区的建设而协调好政府、居民与单位之间的关系;交流社区建设的经验,宣传社区建设的典型。

社区建设的主体是居民,社区建设实际上是社区居民的一项自助性工作,因此,在社区建设的组织结构中,居民群众自治组织的代表当然也应占较大比例。这些社区群众的领袖,对社区的情况非常熟悉,最了解本社区居民的愿望和需求,在社区建设中最有发言权。他们是由群众选举产生出来的,在社区具有一定的权威,在居民中有一定的号召力,让他们参加到社区的组织机构居民信得过。而且通过他们的工作,可以把居民群众参与社区建设的积极性最大限度地调动起来,使社区建设事业真正成为群众的事业。

参与社区建设组织结构的还有一个重要的阶层,这就是社区的权力精英。就管理分层来讲,他们属于社会管理社区生活这个层次,但他们的能量却非同小可,都掌握有社会或经济方面的某一项资源。在国外,他们的行为甚至可以对社区居民的政治生活、经济生活和社会生活产生很大的影响。所谓社区精英，一般指居住在社区内的社会贤达、知名人士、政府领导或实业家，这些人大多志得意尽，事业有成，对公益事业、慈善事业、社会福利事业比较热心，愿意为改善社区环境、促进社区变迁做些事情。驻社区的单位的负责人，为了给单位事业的发展创造一个良好的社区环境，对社区建设一般也是很支持的。这些权力精英，在社区建设中的作用不可低估。

综上所述，中国城市基层社区的决策机构呈多元化态势，其中国家行政是指导者和协调者，社区居民是参与者和实践者，社区权力精英是倡导者和赞助者。

五、街道建设、居委会建设和社区建设

街道是政府的派出机关，在本辖区行使政府赋予的部分权力。随着形势的发展，街道的职能、任务、性质、地位、作用都发生了重大的变化，现在基本上已经成为一级"小政府"。现在街道建设的内涵非常丰富，不仅涉及管理、服务和经济，而且还涉及指导、协调和民主政治建设等内容，基本上是全方位的政府行为。

居委会建设就是居委会依据《中华人民共和国城市居民委员会组织法》的精神，在民主的基础上组织全体居民对本居住区的社会事务和公益事业实行自我管理、自我教育和自我服务。它完全是一种居民参与居住地区事务的自治行为。

而社区建设既不完全是政府行为，也不完全是基层群众的自治行为，而是两者兼而有之。街道建设是政府对街道区域的全面建设，它既包括经济发展，又包括社会进步，社区建设只是这个大框架内社会进步的内容，即起社会稳定机制的作用，所以社区建设不能代替街道建设。

社区建设也不能代替居委会建设。尽管社区建设的精髓是发展社区的民主政治，与居委会的本质特征民主自治有其一定的相似性，但是，社区建设中的民主与居委会建设所反映的民主程度比较起来还是很有限的。同时，居委会建设中的民主有法律保障，这一点社区建设更是无可比拟。居委会与政府的关系是"协助""支持"和"指导"，政府对其内部的活动不干预，居委会有很大的自主权。而社区建设的许多事务都需政府去指导和协调，在组织结构上同居委会的"一统天下"也不一样，社区建设是"三位一体"。

但也不能把社区建设与街道建设和居委会建设对立起来。社区建设是街道的一项社会性、群众性和基础性的工作，社区建设工作做好了，社区的人的素质有了提高，社区的资源得到了充分开发，社区的环境受到了有效的保护，

社区的社会问题得到了真正的解决,社区成员的物质文化生活得到了充分的满足,街道建设上层次、上水平就有条件有把握了;社区建设是一项群众的事业,这项事业做好了,对于调动居民的民主意识和参与意识,增强居民对居委会的认同感和凝聚力,对于推动居委会的建设和发展,无疑也将起到重要的作用。所以,社区建设同街道建设、居委会建设的关系是相辅相成的。

(作者系民政部政权司城市处处长马学理)

【选自《中国街道工作》1992 年第 11 期】

杭州市上城区城站街道办事处计划生育实施细则①

城办〔1992〕9 号

　　为了认真贯彻省计划生育条例精神,进一步搞好本街道的计划生育工作,根据我街道情况,特制订本细则。

　　一、按法定婚姻推迟 3 年以上(男 25 周岁,女 23 周岁),依法登记结婚的为晚婚,夫妇双方均达到晚婚年龄的,增加婚假 12 天。

　　二、夫妇双方均达到晚育年龄,生育第一个孩子的为晚育,晚育的男方可享受 5 至 7 天护理假,其中,自然分娩的,男方享受 5 天护理假;难产或双胞胎分娩的,男方享受 7 天护理假,不影响工资、资金及考核。

　　三、按《省计划生育条例》规定领取"独生子女证"的每年凭证发给"独生子女父母奖励费"各 30 元。

　　四、凡年龄在 49 周岁以下的育龄妇女,需落实避孕节育措施。

　　1. 有医院证明不能上环而采取其他的措施避孕失败做人流的,第一次人流,人流假作病假处理,影响所有奖金;第二次人流,作病假处理,影响所有奖金,并罚款 50 元,取消评选各类先进的资格。

　　2. 可以上环而本人不愿上环的,第一次人流,人流假作病假处理,影响所有奖金,取消评选各类先进的资格,并罚款 20 元;第二次人流,人流假作病假处理,影响当年所有奖金,并取消评选各类先进的资格,罚款 100 元。

　　3. 凡放环失败而人流的,人流假作产假,不影响奖金,不影响评先进,给予一次性营养费 30 元。

　　4. 凡上环者,中途因某些原因需取环,须经计生办出具证明,方能去医院取环,享受规定假期,不影响资金,给予一次性营养费 10 元。

城站街道办事处

1992 年 8 月 31 日

【由杭州市上城区档案馆提供】

---

　　① 　原文标题为《城站街道办事处计划生育实施细则》。

民政部基层政权建设司司长李学举在
全国城市社区建设理论研讨会上的总结发言①

全国城市社区建设理论研讨会围绕社区建设这个主题,进行了广泛的研究和深入的探讨,交流了一年多来社区建设的研究成果,形成了一些共识,初步提出了开展社区建设的思路,为在全国推进社区建设,奠定了思想基础、理论基础和经验基础。

下面,我准备就会议研讨的问题,谈点个人意见,与大家共同讨论。

一、对一年来开展社区建设研究工作的看法

去年5月,崔乃夫部长提出社区建设的思路后,我们主要做了四件事:一是广泛听取了各界意见;二是对城市街道、居委会工作现状进行了调查;三是抓了杭州市下城区和天津市河北区的试点;四是召开了三次理论研讨会。回顾一年来的工作,我认为主要有以下几点收获:(1)深化了对社区建设的认识。社区建设问题提出后,在理论界以及城区、街道实际工作者和民政系统中,出现了一个研究和探索社区建设的热潮,使对社区建设的认识,不断深化、不断丰富。特别是一些专家学者的介入,又把对社区建设的认识,提到一个新的高度。目前,对开展社区建设的一些问题,比如:对社区建设的内涵,开展社区建设的方法,社区建设在社会发展和城市建设中的地位和作用,形成了一些较为一致的看法。这对推进社区建设,起到了打基础的作用。(2)积累了一些可资借鉴的经验。经过一年多的实践,特别是试点单位提供的经验,使我们不但获得了理性方面的认识,也在实际操作上,掌握了一些办法,这对推进社区建设,心里有了底数,手中有了榜样。(3)思想认识正在逐渐统一。对开展社区建设,民政系统的干部顾虑很多,缺乏信心,感到关系不顺,手段缺乏,无力抓好。随着时间的推移和工作的深入,许多同志的认识开始发生变化,由过去根本不想,到开始研究写文章;由过去不想抓,到开始调查和主动宣传。这是一个良

---

① 原文标题为《在全国城市社区建设理论研讨会上的总结发言》。

好的开端。

分析一年来的工作情况,我认为,社区建设工作处于研究、试验的起步阶段。这个时期,呈现出的特点是认识不一。归结起来有两大类,一类是对社区建设本身的认识问题,包括对社区建设地理区域界定,工作内容界定,社区建设的必然性和可行性。另一类是对指导社区建设工作的职能部门的认识,集中反映在民政部门能不能承担社区建设的指导工作。这些不同的意见,表面上看,反映了开展工作的难度,但实质却起到了推进社区建设工作的作用。(1)不同意见的争论,促进了研究工作的深化。(2)不同看法的存在,促使我们的工作作风必须扎扎实实。不同看法说明对社区建设有一个被人认识、被人接受、从不自觉到自觉的过程。因此,开展工作不能一哄而上,要多做实际工作。(3)民政部门反映出的疑虑和困难,促使我们对基层政权建设工作再认识,进一步确定抓基层政权建设工作的方位,有利于基层政权建设工作的开展。

二、对社区建设一些问题的认识

对社区建设,前一阶段提出了不少问题,下面我就这些问题,谈点个人认识。

1. 社区建设的目的。对社区建设,我认为,不要从概念出发,要从开展社区建设的目的去认识。提出社区建设的目的,主要有三方面,一是根据社区工作的实际需要。社区建设的工作,已有多年的基础。现在提出社区建设的概念,从实践上讲是对社区工作的总体概括,从理论上讲是对实践工作的升华。另外,从社区工作的运行上看,社区工作需要在党和政府的领导下,组织、发动政府各部门、辖区各单位、全体居民共同参与,形成合力,齐抓共管。提出社区建设,目的也在于动员、组织、依靠社区力量,利用社区资源,强化社区功能,发展社区事业促进两个文明建设。二是城市基层政权建设工作的需要。民政部门承担基层政权建设工作,不但要明确工作职责,也需要选准工作立足点和生长点。提出社区建设,实质是明确基层政权建设工作的思路,就是说,基层政权建设工作,要从政权工作的整体去研究。政权建设工作,要紧紧围绕健全、完善、发挥政权组织职能去开展。而社区建设工作,正是发挥政权职能的具体体现。当然这并不意味着我们的工作职能取代了其他部门,我们与其他部门是整体工作与局部工作的关系,即我们研究的是政权组织的职能而不是具体工作。三是适应了"小政府,大服务"需要。企业转换经营机制,政府转变职能,这是我国经济、政治体制改革的要求。"小政府,大服务"是发展方向。而"小政府,大服务"需要调动基层组织和群众的积极性,需要依靠社会力量,走社会化的道路。社区建设的提出,为解决这个问题找到了办法。

由此可见,提出社区建设,可以解决三个问题,一是从理论和实际的结合上,科学地概括了城区工作,明确了政府工作的方向和目标;二是有利于统一协调、调动各部门共同搞好社区工作的思想认识和工作积极性,有利于"小政府,大服务"在基层落实;三是确定了民政部门抓城市基层政权建设工作的方位,这就是处于总体抓政权组织职能的位置。

2. 社区建设地理区域的界定。社区建设确定在什么区域范围内,目前有三种意见:一是居委会所辖区域;二是街道办事处所辖区域;三是界于街、居之间,以居民小区为区域。确定在哪个区域范围内,应该都有一些道理,但我的倾向意见是,应界定在街道办事处所辖区域。理由是:(1)社区建设工作,要有一定层次。街道办事处是区政府派出机关,但功能已相当于一级政府,是事实上的辖区范围内的权力机关。社区建设需要有一定权威的部门去领导、规划和协调。目前看,街道办事处不但具备这样的能力,也能使街道工作方向明确,任务突出,便于街道的规划和建设。(2)社区建设要有适度规模。社区建设的区域不能太大,也不能太小。如将区域范围划为城区,显得过大,如以居委会范围定为社区,又显得过小。目前的街道办事处所辖面积和人口,一般在1.5平方千米,5万人口左右。这种规模较为合适。它可以使城区工作落实到街道,充分发挥街道独立解决问题的能力。(3)社区建设要有一定质量。城市工作既有整体性强的特点,也有多层次的特点,比如,社区服务工作,区、街道、居委会都有具体的服务项目和设施。将社区建设区域确定在街道,实际是街道和居委会两个层次,这样,可以使社区建设工作统筹安排、上下配套、互补遗缺,使许多"硬件"设施,具备一定的规模和质量,可以满足不同层次的需求。(4)有利于城市基层政权建设工作的开展。这几年,城市基层政权建设工作侧重于居委会建设,如将社区建设放在街道一层,不但使城市基层政权建设工作有了抓手,有了重点,也使工作上了一个档次。上面这些是我个人的倾向性意见,但也不反对将社区建设区域划在其他范围内。全国各城市情况不一,要根据实际,采取多种形式,只要有利于社区建设开展,都可以进行试验。

3. 社区建设内容的界定。如果说社区建设是社区工作的总体概括,那么,社区建设内容是广泛的,任何工作都可以列入社区建设之中。现在研究社区建设的内容,要考虑"社区"的地理区域;要考虑与居民利益的直接关系;要考虑街道的工作。基于这些考虑,我认为社区建设的主要内容应是:社区经济、社区服务、社区文化、社区卫生、社区教育、社区治安等。前一阶段,有人对社区经济是否列为社区建设内容,提出过不同意见。我认为,社区经济要列为社区建设的内容。理由是:发展经济已是街道工作的中心任务;街道经济已成为发展街道事业的重要经济支柱;街道经济正处于发展势头强劲之时。

4.社区建设的管理体制。社区建设是一个综合的概念,综合的工作。研究社区建设的管理体制,要明确如下 6 个关系:一是与区政府的关系。区政府要加强领导社区建设工作,要对社区建设进行统筹规划,协调各部门工作。二是与街道办事处的关系。街道办事处是社区建设的领导者,也是具体组织者。三是与区政府职能部门的关系。区政府职能部门是社区建设某方面工作的指导者,负有搞好一方面工作的职责。四是与街道辖区内单位的关系。街道辖区内的各企事业单位,是社区建设的参与者和联建单位,要积极参与和支持社区建设。五是与居委会的关系。居委会属社区建设的一个层次,可以看作是街道社区的"小社区",要自觉接受街道办事处工作指导,独立负责开展工作。六是与民政部门的关系。市以上民政部门是社区建设的指导机关,城区民政部门承担社区建设的部分内容(主要是社区服务),负责对承担工作的指导。

依据上述关系,对社区建设的管理体制,可以概括为:区政府是社区建设的上级领导机关;街道办事处既是领导者,也是具体组织者;区政府职能部门是社区建设某方面工作的主管部门;市以上民政部门是社区建设的指导机关。

三、对今后开展社区建设工作的意见

社区建设工作,我们已有了一年多的研究基础,下一步的工作重点和设想是:深研究,多实践,抓试点,扩大面,经过一两年的努力,各省会城市、各计划单列市,都能确定一个城区,作为社区建设的试点单位,为全面推进社区建设工作树立典型,摸索经验。

这里,我讲三点意见。

第一,要注意研究和确定社区建设的发展战略。社区建设是发展的,只有注意研究和确定社区建设的发展战略,才能使社区建设一浪高于一浪地向新的目标迈进。研究、确定社区建设发展战略,要注意两个问题:(1)要全面规划。社区建设不是短期行为,需要总体规划,分阶段进行。规划社区建设工作,要注意当前任务与长远目标相结合,与社会发展和居民需求相适应。通过每一时期的工作,让社区成员受到益处,这样,才能增强"社区"的凝聚力。

(2)要注意从实际出发,利用优势,突出重点,发展有本地特色的社区建设。研究、确定社区建设的发展战略,一定要从实际出发,利用本地优势,确定社区建设的工作重点,力求在一两项工作上突破,来推动、带动其他工作。这一点,杭州市下城区提供了很好的经验,他们提出的建设特色小区,很值得借鉴和推广。

第二,要坚持政府指导与大众参与相结合。政府行为和大众参与,离开了哪一方面,社区建设都无法进行;讲政府指导,是指要充分发挥政府在社区建设中决策、执行、组织、协调、控制的作用,要求政府运用行政、经济、法律的手段,组织社区内组织和成员密切合作和协调,达到条块结合、上下结合,搞好社区建设的各方面工作,实现社区建设的目标。讲大众参与,是指要动员、组织社区成员参与社区建设。这里,最重要的是培养社区成员的社区意识问题,这是动员社会力量参与社区建设的前提。目前,无论是驻街单位,还是居民,参与社区建设的意识比较薄弱,因此,怎么提高机关单位和居民群众对社区建设的责任意识和参与意识,这次研讨会,是提出了这个问题,但如何解决,需要认真研究。

第三,要加强研究和试点工作。今后几年,社区建设的工作重点,就我们民政部门来讲,仍然是一手抓研究,一手抓实践,不断推进社区建设。但下一步的研究工作,要与前一阶段有所不同,要在实践的基础上,深化研究,就是说,要在实践中发现问题,研究问题,指导工作。这里,我们要特别强调抓好试点,大胆实践。没有实践,就没有研究的内容,也就无从谈深化研究。因此,我再次强调,各地不管有什么思想认识问题,有什么实际困难,都要认认真真地抓好试点工作,这是当前开展社区建设急需做的工作,也是推进社区建设的重要措施。特别是省会城市、计划单列市,更要下决心,用力气,认真抓好一个城区的试点工作。我们准备今明两年抓两件事,一是在《中国社会报》上,开辟社区建设讨论专栏,目的是发动社会各界研究这项工作,扩大这项工作的社会影响;二是在明年适当时机,召开一次社区建设试点单位座谈会,目的是总结交流情况,促进社区建设工作。

【选自《实践与思考》——中国基层政权建设研究会 1992 年年会论文集】

杭州市委组织部关于加强居民区党支部建设的意见①

市组〔1992〕61 号

各县(市)、区委:

居民区是城市建设和管理的基础,搞好居民区工作是搞好城市各项工作的重要依托。随着改革开放不断深入和我市政治、经济的迅速发展,居民区工作任务也随之加重,为适应新形势需要,必须加强居民区党支部建设,以保证各项工作顺利完成。为此,根据十四大精神、《中国共产党章程》和有关规定,提出如下意见。

一、进一步明确居民区党支部的地位作用

居民区党支部是党在城市街道的基层组织,是党联系人民群众的桥梁和纽带,是团结带领群众贯彻落实党的路线、方针、政策,坚定不移地走社会主义道路的领导核心。加强居民区党支部的工作,提高党支部战斗力,对提高党在城市人民心目中的威信,促进社会的稳定具有重要作用。为此,要切实把居民区党支部建设好。居民区党支部必须认真履行下列基本职责:

(一)按照党的"一个中心、两个基本点"的基本路线要求,认真宣传党的方针、政策,保证上级的有关决定在本居民区贯彻落实,保证居民区工作正确的发展方向。

(二)加强对居民委员会及其他群团组织的领导,及时研究居民区的工作,对经济建设、社区服务、社区管理以及社会综合治理等重要工作提出意见,支持居民委员会依法开展工作。

(三)在街道工委的领导下抓好居委会的班子建设,按照党管干部的原则,认真做好居民区干部的教育、管理、培养和推荐工作。

(四)加强党支部自身建设,抓好党员的教育管理,严格党的组织生活,深入开展"双争双评"活动,不断提高党员素质和党支部的战斗力。

---

① 原文标题为《关于加强居民区党支部建设的意见》。

(五)负责居民区的精神文明建设,做好居民的思想政治工作。根据居民区实际广泛开展教育活动,尤其要做好青少年的教育工作,带领居民群众努力把居民区建设成社会安定、家庭和睦、环境优美、生活方便的文明社区。

二、建设一个团结坚强的支部班子

要实现党支部对居民区工作强有力的领导,关键是建立一个好的党支部领导班子。在改革开放的新形势下,居民区党支部领导班子建设的基本要求是:政治上坚定,工作上有开拓创新精神,热爱并善于做居民区工作,办事公道,作风正派,密切联系群众,团结协作好。建成这样一个班子,要注意以下几点:

(一)认真选配好支部一班人,尤其是党支部书记。要注意引导党员推荐党性强、乐于奉献、有一定政治理论修养和文化水平、工作能力较强的党员担任党支部书记。对一时没有合适人选的居民区,可以从机关、企事业单位的在职职工或离退休干部中物色人选,经与所在单位协商同意后,将党员组织关系转到居民区,经党内选举后担任支部书记。

(二)居民区党支部领导班子一般由3～5人组成,设组织、宣传、纪检等委员,根据居民区工作实际,党支部与居委会班子成员可以交叉兼职,如条件具备,居委会干部应尽量考虑由党员来担任。

(三)认真贯彻民主集中制原则,实行集体领导分工负责制度。重大问题由支委会集体讨论决定。支委会一般每月召开一次,主要讨论:党支部工作计划,上级党组织指示、决定的贯彻落实情况;分析党员、干部的思想状况,提出工作意见;研究居委会及其他群众组织提请的重大问题;做出居民区工作的有关意见、决定和决议;入党积极分子的培养、教育、考察和发展工作等。

(四)坚持班子民主生活会制度,支委一班人要加强自身学习和修养,按时召开民主生活会,积极开展批评与自我批评,不断提高自身素质,做党员群众的好榜样。

三、加强居民区党员的教育管理,不断提高党员队伍素质

居民区党员的教育管理要以"双争双评"为主线,逐步完善以党支部目标管理为主要内容的工作制度,使党员教育管理经常化、制度化、规范化。

(一)在教育内容上,当前重点是进一步学习邓小平同志的南方讲话精神,学习党的十四大文件和新《党章》,学习建设有中国特色的社会主义理论,教

育党员提高执行党的路线的自觉性，全心全意为人民服务，立志改革开放，献身现代化事业，带领群众不断为经济建设和社会进步艰苦奋斗，做出实绩。同时，要继续抓好社会主义基本理论和党的基本知识教育，提高党员的政治理论水平。

（二）在教育方法上，要力求灵活多样，要经常分析党内的思想状况，有针对性地做好党员的思想工作；要总结党员教育的先进典型和工作经验，用先进思想和先进事迹激励党员，对少数后进党员，给予及时认真的帮助教育。要关心党员的思想和生活，做到"五上门"，即对刚退休回居民区的党员及时上门访问；对外出回来的党员及时上门关心；对不按时参加党内活动的党员及时上门谈心；对身患疾病的党员及时上门探望；对病重、行动不便不能参加党内活动的党员及时上门联系。

（三）在党员管理上，要建立健全各项制度，包括以"三会一课"为主要内容的组织生活制度，党费管理制度，外出党员管理制度等。同时，应积极创造条件把党员活动室普遍建立起来。

（四）充分发挥党员在居民区工作中的先锋模范作用。党支部在目标管理中要明确党员发挥作用的具体内容和要求，尤其要明确党员联系户（责任区）的任务，要求党员在争创"文明楼群""五好家庭"等活动中走在群众前头，起示范作用。根据党员的年龄和身体状况在党员发挥作用方面，应提出不同的要求。

四、要加强对居民区党支部工作的领导

加强居民区党的建设，是街道工委的重要工作，要把这一工作列入工委的议事日程，把加强居民区党建和贯彻实施《居委会组织法》有机地结合起来，共同把工作做好。

（一）统盘考虑居民区党支部和居委会的班子建设，尤其要注意配强党支部书记，居民区党支部书记、副书记与居委会主任、副主任，在生活待遇上应一视同仁、统筹解决。

（二）建立培训制度，提高支部书记的工作能力。针对居民区党支部书记特点，工委要建立支部书记岗位培训制度，有条件的街道要分期分批培训支委以上成员，提高他们的理论水平和工作能力。街道工委要建立办好业余党校，加强党员教育。

（三）做好居民区的发展党员工作。街道工委既要严格把关，又要具体指

导居民区支部注意培养那些政治素质好、积极向党组织靠拢的同志,将其中具备入党条件的同志,及时吸收到党内来。

中共杭州市委组织部

1992 年 12 月 14 日

【由杭州市上城区档案馆提供】

1993

杭州市江干区南星街道关于完善居委会经济分配政策的若干意见①

南街办〔1993〕字第 35 号

各居委会：

　　自街道办事处关于加强居委会工作的若干意见下发以后，对加强居委会"三自"作用的发挥起了较好的作用。根据形势的要求，为更好地调动居委会干部的积极性，有利于居委会经济的发展，增强居委会的经济实力，加强街道对居委会工作的指导，更好地发挥居委会"自我教育、自我管理、自我服务"的作用，经街道研究对完善居委会经济分配提出如下若干意见：

　　一、设立台阶奖。为了发展居企经济，进一步调动居委会的积极性，鼓励居委会经济上台阶，以新增利润 1 万元为一个台阶，居委会每上一个台阶，奖励 100 元，经费由居企办从上交利润中列支。

　　二、在坚持原分配比例不变的前提下作必要的完善。原规定不变。即上交居企办 10％，居委会奖励基金 20％、办公费 35％、积累基金 35％，但考虑到奖金分配的全年平衡，对提取 20％的奖励基金作如下规定：

　　1. 居民干部的月度奖金。按上年净收入实绩预发。预发标准为净收入 1 万元以下每人每月 15 元；1 万元以上（含 1 万元）每人每月 20 元；2 万元以上，每人每月 40 元；3 万元以上，每人每月 60 元；每上 1 万元预发数增加 20 元，月度预发，年终结清。（各居委会奖金每人每月预发金额详见附表）

　　2. 提取 20％奖励基金中除月度奖外的剩余部分，留作年终目标考核兑现所用。年终考核兑现按当年剩余部分全额，根据考核总分进行兑现，即考核得满分，可以全额分配，如有剩余转入办公经费。

　　三、对居委会主任和书记的津贴进行调整，副主任的津贴按原规定每人每月 65 元不变，居委会主任、书记调整为每人每月 70 元，两职一人兼任者为每人每月 75 元，津贴费均由街道支出。同时由街道办事处每月拨给居委会办公

---

　　①　原文标题为《关于完善居委会经济分配政策的若干意见》。

经费 20 元,1993 年起按季划拨。

四、为了稳定居委会干部队伍,加强居委会班子建设,对从事居民工作时间长、贡献大的干部给予一定的补贴。凡从事居民工作连续 5 年者每月补贴 5 元,连续 5 年以上者每年增发 1 元,即连续工作 6 年每月补贴 6 元;7 年每月补贴 7 元,补贴费用由居委会办公费中支出。

五、为了保证考勤制度的正常进行,实行考勤与奖金相挂钩的方法。凡请事假 3～5 天或病假 5～10 天者,扣发当月奖金 20%,请事假 6～10 天或病假 11～20 天者,扣发当月奖金 50%,请事假 10 天以上或病假 20 天以上者,扣发当月奖金。

六、本意见从 1993 年 3 月起施行。原有规定与本文件有抵触之处,以本文件为准。

1993 年居委会奖金每人每月预发金额表

单位名称	预发金额	单位名称	预发金额	单位名称	预发金额
美政	20 元	秋统	15 元	车站	20 元
秋涛	20 元	钱江	40 元	新工(1)	20 元
钱航	15 元	新工(2)	20 元	复木	15 元
木材	60 元	剪刀	40 元	梵天寺	20 元
太平	40 元	宋城	20 元	铁路边	20 元
馒头山	20 元	南凤段	20 元	凤山新村	20 元

杭州市江干区人民政府南星街道办事处

1993 年 3 月 5 日

【由杭州市上城区档案馆提供】

论社区建设工作的社会化

一、社区建设工作社会化的含义

社区建设工作社会化的含义有二:一为社区建设适应社会发展的需要。社区建设的对象是社区内的全体单位和居民,即社区成员。社区建设的内容很广,包括社区的生活服务、社区的文化、社区的卫生、社区的教育、社区的治安、社区的科技、社区的道德等。它的出现,对解决社会发展所带来的一系列问题,消化社会矛盾,优化社区环境,保障社区安定,增强居民素质,提高居民生活质量,协调社区居民的人际关系,加强社区两个文明建设,促进社会发展等方面,将发挥极大的作用。二为社区建设必须依靠社会才能发展。社区建设就是依靠社区的力量,利用社区的资源,来强化社区的功能,发展社区的事业。它在开辟财源、兴办项目、组建队伍、组织实施等方面都需由社会办和社会管,单位、居民的需求和愿望,是它生存的基础;单位、居民的支持和参与,是它发展的条件。从某种意义上来说,社区建设工作是全社会的事业,它的发展必须依靠社会的支持。从社区建设适应社会需要与依靠社会发展这两方面的关系来看,两者是互相连接,互为因果的,前者是目的,后者为手段,两者缺一不可。只有实现了目的与手段的结合,即服务于社会和依靠于社会的结合,社区建设才能真正走上社会化之路。

二、社区建设工作走向社会化的必然性

社区建设工作的社会化是社区建设工作发展的必然趋势,它是由社区建设工作的社会性、群众性的特点所决定的。所谓社会性,一方面是指社区建设工作除要发动社区群众以外,还须动员社会各部门和社会各种力量广泛参与,仅仅依靠政府部门包揽是不行的;另一方面,是指它的工作面向社会,面对群众,凡是围绕社区而开展的工作,无论其属于物质的,还是属于精神的,均包括在社区建设之中。也就是说,它的服务是全方位的,服务内容是多样化的,因而它是一种社会性的工作,起着重要的社会作用。所谓群众性,是指社区建设工作在政府的指导和调控下,由社区内的单位和居民通过互助,自己动手办起

来的,并实行以自治为主的管理形式。其生命力在于群众参与,政府的职责是扶持,而不是包办。只有群众的参与,只有把群众的积极性调动起来,社区建设才会有坚实的基础,才会在群众的支持下顺利地发展。由此可见,由于社区建设有着社会性、群众性的特点,必然会推动社区建设向社会化的方向发展,成为社区建设发展的必由之路。

三、社区建设工作的社会化是一个循序渐进,逐步发展的过程

其原因主要有以下两点:

1.实现社区建设工作社会化的艰巨性

要真正实现社区建设的社会化,就必须要有生活在社区内的全体居民的热情参与,全体居民的参与是社区建设工作社会化的重要标志。而要居民能真正参与社区建设,就必须要使居民具备对其所生活的社区的认同感、荣誉感、归属感和参与感,即社区意识,只有使社区居民真正树立起社区意识,才能增强居民社区的凝聚力,才能让居民积极参与社区建设。但是,从我国目前的实际情况看,要真正做到这一点,难度是比较大的。这是因为,一定程度的认同感、荣誉感、归属感,总是同一定程度的经济利益相联系的。由于我国目前就业保障与社会福利的高度重合,社区大多数居民的大部分生活福利都来自于其所服务的单位。在这种情况下,必然造成社区居民社区意识的淡漠,而把认同感、荣誉感、归属感放在与其有密切利益关系的单位,使居民社区对其成员的凝聚力不强。因此,在完全实现了社会保障和社会服务的社会化之前,要使社区居民能对社区产生强烈的社区意识。积极参与社区建设,将会是一项十分艰巨的工作,要真正实现它需要有一个较长的过程。

2.实现社区建设工作社会化的复杂性

要真正实现社区建设工作的社会化,将是一个十分复杂的过程,其主要表现有三:一是工作对象的复杂性。社区建设工作的对象是社区内的全体成员,这些成员有男有女,有老有少,他们对物质和文化生活需求是各不相同的,有着各自不同的特点,表现为需求的多样性、周期性和可变性,从而决定了社区建设内容的复杂性,要求社区建设在可能的情况下,不断地调整、扩展内容,以适应各类对象的不同需求。二是社区建设工作所涉及领域的复杂性。社区建设涉及到政治、经济、社会和文化的方方面面,同企业、商业、金融、城建、文化、卫生教育、科技、环保、市容、治安等都相互关联,是一项涉及面很广、很复杂的

工作。三是社区建设组织管理形式的复杂性。社区建设的队伍由社区内的全体单位和居民组成,要把他们较好地组织起来,充分调动每个成员参与社区建设的积极性,发挥各自的专长,是一件十分不容易的事。同时,社区建设工作在基层以自治为主的特性,必然决定管理机构中人员组成的复杂性,他们来自方方面面,在管理过程中难免会提出不同的观点和意见,需要加以不断地协调,以求统一认识,搞好管理工作。

总之,正是由于有以上这两点原因的存在,社区建设工作的社会化不可能在一个较短时期内迅速实现。它必将是一个循序渐进、逐步发展的过程,需要在实践中不断加以摸索,找到工作的正确方法,理顺各种关系,通过所有热心于社区建设的人的不懈努力才能实现。

四、社区建设工作社会化的表现

社区建设社会化包括工作主客体的社会化、管理工作的社会化、资金来源的社会化这三个方面,具体表现为:

1. 工作主客体的社会化

社区建设工作生存于社区,服务于社区,发展于社区。它是社区内单位和居民权利与义务的结合体,它的主体是社区内的全体单位和居民,客体也是社区内的全体单位和居民。从广义而言,社区内全体成员都一身二任,具有主体和客体双重身份,体现了权利与义务的统一,决定了工作主客体的社会化。

2. 管理工作的社会化

管理工作的社会化体现在两方面:一是基层管理的社会化,社区建设基层管理机构的成员来自四面八方,既有政府或者它派出机构的负责人,社区内各单位、团体的负责人,也有社区内的居民代表,实行的是民主决策、民主管理;二是宏观管理的社会化,政府在社区建设方面的管理机构,也是由各种有关的职能部门和社会团体组成,在对社区建设进行组织、管理、指导、协调的过程中,需要各部门、团体的协作配合。由此就决定了社区建设管理工作的社会化。

3. 资金来源的社会化

开展社区建设工作,为社区内的单位和居民提供全方位的服务,离不开相应的财力、物力。从社区建设所涉及的内容来看,这笔费用将是很大的,仅靠政府独家包揽是行不通的,也是不应该的,应依靠社区的力量和资源加以解决。在具体的工作中,要坚持国家、集体和个人合理负担的原则,发动社会各方力量来筹措社区建设资金,实现资金来源的社会化。

五、实现社区建设工作社会化的方法

1.坚持从实际出发,解决实际的问题

为推进社区建设工作的社会化,街道、居委会可以从加强服务入手,因地制宜,帮助社区内的单位和居民解决一些自身无法解决或解决不好的事,以增强社区的凝聚力,逐步培养社区成员对社区的认同感、荣誉感和归属感,以激发起社区单位和居民参与社区建设的积极性,为开展社区建设打好基础。

2.坚持依靠社会力量开展社区建设工作

开展社区建设工作,涉及许多方面,需要各方面的帮助,需要政府各有关部门、社会团体和企业单位的协调合作,统筹规划,要注意向社区内的全体单位和居民宣传开展社区建设的意义,使这些社区成员能充分认识到开展社区建设关系到自己的切身利益,是自己的事,以调动他们参与的积极性,使社区建设能朝着社会化的方向发展。

3.坚持社区建设管理工作的社会化

社区建设的管理机构,应由社会各方面的人员组成,其成员不仅要有来自政府各有关部门、社会团体和各企业单位的,也要有来自社区内的居民,实行的是民主决策、民主管理,政府只能给予指导、组织、协调,而不能包办,以真正实现社区建设管理工作的社会化。

六、实现社区建设工作社会化的目的和意义

推进社区建设工作社会化最主要的目的,就是把政府的职能、社会的责任和群众的力量结合起来,两条腿走路,调动各方面的积极性,使社区建设既服务于社会,又紧紧依靠于社会,以改革政府包揽的传统做法,动员社会广泛参与,从社会获得支持和帮助。

实现社区建设工作社会化的意义主要有以下三点:一是有利于减轻政府的负担,为政府转变职能创造条件,社区建设工作的社会化,由社区承担了不少过去由政府承担的工作,使政府能够从繁重的具体事务中解脱出来,把更多的时间和精力放在搞好宏观调控和协调监督上,以实现政府职能的转变。二是有利于形成社会合力,解决许多政府无力独自解决的矛盾,在社区建设工作

中，通过政府的倡导和组织，把社会各方面的力量有效地组织起来，彼此协调配合，形成社会合力，利用社区的力量，解决社区内的矛盾，最大限度地满足群众在物质和文化生活上的需求，解决许多政府难以独立解决的问题。三是有利于形成良好的社会风气，实现社区建设工作的社会化，使社区内的全体单位和居民都参与社区建设工作，做到"大家的事情大家办"，借助社区的力量，发动群众开展自我服务活动，提倡人与人之间的相互帮助，发扬互助友爱的精神，有利于形成"人人为我，我为人人"的良好社会风气，促进社会道德风尚的提高。

（作者系上海市杨浦区民政局任友左）

【选自《实践与思考》1993 年 4 月】

从提高居民参与看城市社区服务的拓展

近年来,在我国城市兴起的社区服务是在民政部门倡导下,以街道办事处为主体、以居民委员会为依托而展开的社区福利和服务。本着为辖区居民提供方便的目的,通过义务服务和微偿服务的结合,社区服务一方面面向社区内的特殊对象,如老年人、残疾人、妇女、儿童、优抚对象和青少年等开办服务项目和设立服务场所,例如老年活动中心、优抚服务包户小组、幼儿园、青少年辅导站等;另一方面还兴办各种便民利民的小型服务网点,例如维修、理发、存车、饮食、医疗等,为辖区居民的日常生活提供方便。社区服务在居民委员会干部直接提供劳务的同时,还适当吸收辖区内部分待业人员或离退休人员参与服务。目前多数居民委员会社区服务队伍的构成主要以离退休的老年人为主,这是与现有居民委员会干部年龄构成普遍偏老的状况相关联的;部分待业人员对社区服务的参与是不稳定的,作为暂时的就业形式,这只是他们寻找到理想职业之前的过渡阶段。这样,现实的社区服务实际上体现出由设置网点的居民委员会干部及部分离退休人员、残疾人、家庭妇女提供服务,而辖区居民接受服务的单向特征。辖区居民本身参与社区服务的热情并不高。

在社区服务中,"居民参与"应具有双向性,也就是说,社区在给居民提供服务需求的同时,还要为社区居民的互助、自助创造条件;居民同时通过获得服务和提供服务两种途径参与社区共同生活,促进社区发展。目前,我国城市社区服务是单向偏重的,这种单向特征不仅使社区服务带有较强的行政工作特点,使居民委员会工作面临更多的压力,而且所能提供的服务项目必定是有限的和不稳定的,易受内、外部环境的左右。缺少居民参与的现有社区服务存在的主要问题有这样几个方面:(1)社区服务无法尽快确立自己应有的地位。各种便民利民小型服务网点的设立是社会第三产业的必要补充,但由于政府相关职能部门对此缺乏认同,认为"大量待业青年都无法安置,老头、老太太们抢什么饭碗?"况且,"个体经营也是有条件的,不能说办照(指营业执照)就办照";现实中也就很难为社区服务提供更多的政策性支持。(2)上级要求与居民委员会的实际能力不相符。本来就没有资金积累的居民委员会由于场地和人员的限制,很难提供更多的服务项目以满足社区居民的日常需要。(3)与居民的实际需求相脱节或不相适应,使社区服务缺少发展潜力。现有社区服务只能因陋就简,为辖区居民提供有限的服务项目和设施;它既无能力刺激辖区居民的参与热情,也很难和有效地组织辖区居民提供互助服务;居民在日常需求无法满足的同时,也无法实现自己要求提供服务的愿望。居民委员会在辖区居民互助需求中的组织、协调作用不能很好地发挥。

那么,居民是不是有参与的愿望,亦即居民对社区所提供的各项服务的需求与满足程度到底如何呢?这要从分析我国现有所能满足需求的途径入手予以说明。

目前,我国城市居民服务需求实现的途径主要包括以下四个方面。

第一,由社会整体提供,这是全方位的,向每一个社成员开放。国营商店、各种集体和个体"三产"服务行业承担主要角色。但总的来看,由于社会生产力水平的限制,我国目前社会化程度还很低,商业、饮食业、服务业相对不发达,远远不能满足居民日益增长的物质和精神需求。这种社会服务水平和居民实际需要不同步增长的状况说明,由全社会提供服务的途径尚存在很多缺口,有待于其他不同层次、多种形式的服务予以弥补。

第二,由职工所在单位提供,主要是职工福利和服务设施。这种服务形式的对象单一,除非本单位职工,社区内其他社会成员无权享用;而且单位内部在职职工和离退休人员之间也有差别。随着老龄人口的增多,离退休人员职工总数的比例不断上升,给企事业单位造成的压力越来越大。福利和业务的社会化,是减轻企业负担,提高企业生产、经营效率的必要条件。

第三,居民的互助服务。人口密集、结构紧凑和职能分化构成城市社会生活的基本特征,从而决定了城市与乡村群体形式和组织形式的差异。在农村,人们主要生活在初级群体之中,交往是直接的、面对面的,家庭、邻里作用很大,人们可以守望相助。而以次级社会组织为主体的城市生活中,人们的交往是间接的、公事公办的;居住地与工作场所的分离,使邻里关系非常松散;无论是物质需求,还是精神需求,城市居民都不可能通过建立在血缘和地缘基础上的乡村意义上的邻里互助得到解决。目前,城市居民的互助服务较多地基于血缘或业缘关系,即主要是从同事、亲朋那里获得部分的需求满足,包括日常生活知识的获得、人际交往的需求、理解和认同以及物质方面的某些享受。居民在居住区内以休息为主,依靠家庭完成大部分的娱乐功能,享受闲暇。但这并不意味着城市居民不需要依靠地缘联系取得日常需求的满足;恰恰相反,在我国城市,居民对发展地缘式互助服务的要求日益强烈。社区内部经济和文化是否繁荣,直接决定着居民生活是否方便;而积极组织街坊、邻里开展社区性互助,是引导居民参与社区共建的重要步骤之一。

第四,由街道办事处和居民委员会提供的各种拾遗补缺的服务,主要指街区范围内的社区福利和服务。目前,这种服务的受益者集中在民政优抚对象和一部分特殊人口,如老年人等;并且正在走向社会化,为社区更多的居民提供方便。但由于社区服务工作刚刚起步,以无偿服务和微偿服务为主的社区服务形式目前还难以为更多的居民家庭提供日常需求的满足。随着社会化程度的提高,社区服务将不断走向有偿服务,逐步制度化。

因此,身居社区基层的街道办事处和居民委员会实际上可同时承担两种角色。一方面作为社区服务的具体实施者,根据上级要求和居民意愿创建社区服务中心,通过小型服务网络的建立为需要者提供帮助和服务,在这里,服务者是社区基层干部,包括大部分离退休后自愿参与街区行政管理工作的老年人,受益者是社区居民,主要是一些需要特殊帮助的人。目前我国社区服务工作者大多数属于这种角色。另一方面作为社区服务的组织者,根据居住区地缘结合的特征和居民希望在地缘范围内方便生活,实现生活满足的需求,积极引导和组织辖区居民的参与,发展社区居民互助服务,进一步拓宽社区服务领域。

联邦德国社区服务中心——"邻里之家"的经验是很好的借鉴(参见《社会》1989年第7期),这是一种为当地居民服务的社会福利事业机构;是"自我经营、自我管理、自负盈亏"的独立实体;它的经验和服务项目完全根据当地居民的需要;为居民排忧解难,丰富他们的文化娱乐生活;参与的居民不分国籍、种族、宗教信仰、党派和政治倾向,都能在"邻里之家"内参加服务和得到服务。它们为居民举办的项目往往是被别人忽视的,例如,当居民特质生活缺少保障或居民在心理、精神方面有障碍时,为他们提供服务和提供参与社区互助活动的机会,以便改善他们的生活状况,提高他们的生存能力,特别是通过他们自己的努力参与去争取自己的利益。目前我国经济发展水平还不高,居民的需求还达不到对更高的心理、精神需求的层次,仍局限于基本生活保障和日常需求满足的层次,尽管如此,居民对更高的物质和精神生活的追求已在许多方面表现出来。

提高居民的社区参与意识,实现居民以参加服务为手段、以最终获得服务为目的的社区参与意愿,在我国通过转换街道办事处,尤其是居民委员会的角色职能,是可以完成的。居民委员会不但是社区服务工作的实施者和执行者,同时也应是组织者和倡导者。社区服务领域的拓宽是现实的要求，也是切实可行的。

首先，现有居民委员会需要维持、发展组织，提高人员报酬。目前居民委员会组织经费来源主要有两个方面：一是政府行政拨款，用于干部补贴"特殊人员"福利救济等，数量有限，不可能为社区服务的发展提供资金积累；二是通过发展小型便民利民的服务网点，从微偿收入中积累的资金。目前这部分资金也很有限。而且，现有的"社区服务中心"多由街道直接管理使用，或经营，或出租，居民委员会只能在有限的人员和场地内开展活动。虽然服务网点和项目基本上是依居民的需要而设立的，但由于行政达标的指令性较强，而政府拨款又很少，工作人员缺乏开拓新项目的积极性，不少设施和项目往往只流于形式，社会效益很少，除非转向有偿服务或经营型项目。

广泛地组织居民参与社区生活，是增强居民委员会组织活力的源泉和动力。居民委员会与居民密切联系的特点，决定了它可以了解辖区不同家庭、人员的背景和需求；通过合理利用社区资源，发展居民互助，在地缘范围内实现需求的满足。目前，全国一些城市新出现的社区服务组织形式表明，居民委员会和街道可以发展自己的组织人角色，动员全社会力量共建社区文明。北京朝阳区"邻里互助"的兴办和倡导；天津的"社区服务志愿者协会"以及"安慰与信任者协会"的成立等，都是吸引更多居民参与的重要途径。

其次，居民需要参与社区生活，需要就近实现生活的满足。在居住社区内服务的社会化水平普遍不足的情况下，居民的实际需求主要可归纳为这样几项，满足的水平也各不相同。(1)通过社会生产事业所得到的日用消费品的满足。城市生活中人口过度膨胀与发展不足的矛盾限制了这种满足，造成大城市居民生活的许多不便，比如存车难、就医难、入托难、早点难等。(2)街道办事处和居民委员会开展的社区服务在一定程度上弥补了上述不足。例如创办托儿所解决双职工的困难；组织劳动服务公司帮助实现家务劳动社会化；保姆介绍所推荐家庭服务人员帮助解决家庭困难；创建"社区服务中心"开展多形式的活动，为老年人、儿童和青少年提供服务。总之，居民对辖区内服务的需要是多方面的，现有社区服务解决了一些需求，但居民仍然需要：(1)社区更多地了解他们的需求并设法提供满足。(2)更广泛地参与要求，需要有地方登记他们所愿意提供的服务以及他们所希望获得的服务；也就是希望居民委员会承担起居民实现自我服务的"组织介绍所"的责任，使居民在地缘内能适时地通过劳务交换彼此获得满足；这一点在目前还很不足。(3)居民委员会"组织介绍所"的职能还应包括家庭教育联系、搬家公司联系等,并与社区其他各类型组织密切接触,为居民提供更多的服务。

居民参与意识的提高,不仅可以拓宽社区服务的领域,而且,它还具有以下几个重要意义:

1. 发挥居民参政、议政的意识,通过参与社区事务,培养社区意识,推进基层民主和法制的建设。

2. 克服居民委员会社区服务工作行政推动性,加速服务社会化的进程,从根本上克服现有社区服务中人、财、物等方面的诸多限制,使社区服务更多地体现居民的实际需要并提供最大的满足。

3. 强化社会成员的认同感和归属感,冲破"单位意识",即每个职工对所在单位的认同和依附,树立"社区意识",通过拓展社区服务更快地实现社区共建,促进社区发展。

4. 地缘互助的发展可使人们打破邻里之间"老死不相往来"的城市社区局面,创立新型的人际交往关系,更好地建设社会主义精神文明,提高居民道德水平,对于缓和社区紧张关系,打破封闭、隔绝,维护社区安定和社会稳定意义重大。

5. 居民自我服务的实现和社区服务的发展是强化居民委员会自治建设的最有效途径,这样"自我管理、自我教育、自我服务、自我发展"将不再成为一句口号,而成为日益接近的目标。

【选自《城市问题》1993 年第 2 期,作者鲍跃敏】

杭州市上城区南星街道
关于车站招待所等企业下放给居委会的通知①

南街办〔1993〕字第 85 号

商业分公司、各居委会：

为增强居委会经济实力，理顺企业管理体制，根据各居委会的要求，经街道办事处研究，决定将下列企业下放给所属居委会：

车站招待所下放给车站居委会。

凤山综合商店下放给凤山新村居委会。

馒头山饮食店下放给馒头山居委会。

室善弄幼儿园下放给铁路边居委会。

太平幼儿园下放给太平居委会。

凤凰幼儿园下放给馒头山居委会。

上述下放企业今后有关人事安排、调动、财务管理，以及日常行政管理均归所属各居委会负责，商店、招待所具体业务，由居企办指导，幼儿园的业务由街道妇联指导。望做好交接，办理好变更手续，确保营业和教学工作正常进行。

杭州市江干区南星街道办事处

1993 年 6 月 17 日

【由杭州市上城区档案馆提供】

---

① 原文标题为《关于车站招待所等企业下放给居委会的通知》。

杭州市上城区南星街道关于居委会
换届工作的实施意见①

南街办〔1993〕字第 118 号

各居委会：

　　自《中华人民共和国城市居民委员会组织法》颁布以后，我们街道组织干部群众进行认真地学习贯彻，各居委会在街道和民政局的指导下，依法召开居民会议，民主选举居民干部。在秋涛居委会试点的基础上，于 1991 年 3 月底前 18 个居委会全部依法产生。到明年 3 月居委会任期届满，根据《城市居委会组织法》和江政办〔1993〕27 号文件要求，结合街道实际，现就居委会换届工作，提出如下实施意见。

一、指导思想

　　居委会换届工作要以党的十四大精神为指导方针，按照《城市居委会组织法》的要求，充分发挥居委会"三自"作用，使居委会各项工作尽快适应市场经济的要求，按照"年纪轻一点、文化有一点、身体好一点、能力强一点"的方针，积极开辟干部来源，产生好新一届居委会。

二、建立班子

　　鉴于这次换届工作紧、任务重，为使该项工作顺利进行，经研究决定成立居委会换届工作班子，由施永林、陶尧坤、赵兰香、倪顺金、徐永春、范银娣、卢志英等同志组成，负责居委会的换届选举工作。

三、明确重点

　　这次换届工作重点是提高居委会干部素质，增强"三自"能力，在考虑居委会班子时，要抓好以下几个方面：一是班子职数，居委会委员 5～9 人，专职委

_____

　　① 原文标题为《关于居委会换届工作的实施意见》。

员一般为 4 人；二是年龄相对要轻，新进班子的年龄一般不超过 65 岁；三是突破班子结构现状，尽力物色在职职工加入居委会；四是提高党员和文化高的人的比例，综合考虑支部班子。条件具备实行主任、书记一人兼，物色文化水平相对高的同志进班子。

四、实施步骤

主要分为三个阶段：一是宣传发动阶段：为增强干部群众搞好换届工作的自觉性要利用各种形式，如各种座谈会、黑板报、横幅标语等，大张旗鼓地开展宣传活动。讲清换届的指导思想意义和要求，同时广泛听取各方面的建议和意见，把上面的意图化为广大群众的自觉行动。二是排队摸底，对现有 18 个居委会的班子要逐一认真地进行排队分析，摸清干部思想状况，拟定调整方案。与此同时要发动广大干部党员和群众，积极推荐新干部，街道居委会也要开阔视野，挖掘干部来源。三是实施阶段，鉴于这次换届调整面较大，难度不小，为保质保量地搞好这项工作，要求在 12 月底前完成三分之一左右居委会换届工作。本着成熟一个换届一个的要求。在明年 3 月底前换届完毕。明年 4 月份将对新一届居干进行培训。

五、注意事项

1. 机关各科室要把居委会换届工作作为当前的一项重要工作抓好。民政科、党委办要集中精力，其他科主要积极配合，党工委班子成员要关心、支持这项工作。

2. 要自始至终地把提高居民干部队伍素质当作主要工作来抓，广开渠道、拓宽视野、开辟干部来源，这是换届工作成效如何的关键。

3. 要以换届工作为契机，把居委会的工作推到一个新的台阶。在抓好换届工作的同时，要继续开展"达标、争先、创示范"活动，大力发展居委会经济，增强居委会"三自"能力。

4. 要认真仔细地做好思想工作，既要做好新任干部的思想工作，更要做好离任和落选干部的思想工作。

杭州市江干区南星街道办事处

1993 年 9 月 10 日

【由杭州市上城区档案馆提供】

杭州市上城区转发区计生委《关于开展创建计划生育合格居委会的意见》的通知①

上政办〔1993〕50 号

区政府直属各单位,各街道办事处:

区计生委《关于开展创建计划生育合格居委会的意见》已经区政府研究同意,现转发给你们,望认真贯彻执行,切实将该项工作做好。

杭州市上城区人民政府办公室

1993 年 10 月 5 日

关于开展创建计划生育合格居委会的意见

根据中共杭州市委、市人民政府《关于进一步加强计划生育工作的决定》精神,以及市、区 1993 年人口与计划生育目标管理责任书中的有关要求,拟从今年起在全区范围内扎扎实实地开展创建计划生育合格居委会活动。具体意见如下:

一、创建活动指导思想

开展创建计划生育合格居委会的目的,旨在认真贯彻执行市委、市政府《关于进一步加强计划生育工作的决定》,强化基层基础建设,提高计划生育的总体水平,促进两个文明建设,力争今年计划生育合格居委会创建率达到35％以上。

二、计划生育合格居委会的条件

(一)组织建设

1.建有党政一把手任组长的人口与计划生育领导小组,并发挥领导和协

---

① 　原文标题为《转发区计生委〈关于开展创建计划生育合格居委会的意见〉的通知》。

调功能;

2.居委会计生人员落实、工作落实;

3.建有居委会级的计划生育协会,建好"会员之家",并落实会员联系户制度。

(二)基础工作

1.建有各类台账,准确上报各类统计数字,做到报表、实际、台账三符合;

2.对计生重点管理对象,做好避孕药具管理发放、查访和孕情、环情监测;

3.做到宣传、服务上门到人,无政策性遗留问题;

4.流动人口的基本情况清,居委会要建立常规的登记、统计制度,出具、验核《计划生育情况证明》达到95％以上。

(三)工作指标

1.计划生育率达到100％;

2.除特殊情况照顾登记结婚外,女性晚婚率达到100％;

3.无非法领养,无外来人员计划生育,无引产;

4.落实节育措施率达100％。

三、创建活动要求

1.要统一对开展创建计划生育合格居委会活动意义的认识,切实加强领导。认真布置实施,使这一活动成为加强计划生育工作规范化、经常化、科学化、法治化建设的一个重要步骤。

2.计划生育合格居委会的评定:由街道办事处严格按条件进行考核后提名,报区计划生育委员会审核,由区政府批判公布。

3.将计划生育合格居委会列入评选先进集体和文明单位的基本条件。

4.区计划生育委员会从1993年起,在下年1月底前将上一年命名合格居委会的情况报市计划生育委员会。

上城区计划生育委员会

1993年9月29日

【由杭州市上城区档案馆提供】

杭州市江干区紫阳街道
关于市级文明敬老院验收的申请①

市、区民政局：

　　根据市民政局〔1991〕局字第 103 号《关于杭州市城区街道敬老院创建文明院活动暂行办法》的通知精神，为加强敬老院的管理，使各项工作规范化、制度化，按照标准，我们逐项进行了对照检查，经过努力，已经达到了市级文明敬老院的标准，自查分为 100 分。为此，请市、区民政局予以验收。

　　附：汇报材料、评分表

杭州市江干区紫阳街道办事处

1993 年 11 月 24 日

紫阳街道敬老院验收汇报材料

　　敬老院建于 1991 年 11 月，投资 7 万元，共 220 平方米，宿舍 5 间、活动室 1 间，饭厅、厨房各 1 间，办公室、工作人员休息室 2 间，14 张床位，收养孤老 12 人（原 13 人，死 1 人），寄养全托 1 人，半托人共 14 人。

　　配备院长 1 名，工作人员两名，建有职责制度 7 项。

　　共建单位有 5 个：市公安局二处团支部、红星中学卷烟班、抚宁巷小学、培红幼儿园、区红十字医院。

　　个体汇报如下：

　　一、收养管理

　　1.坚持办院方向，及时做好收养工作，全街道孤老 23 人，其中市 2 人，街敬 12 人，散居 9 人。

　　床位利用率 100％。特殊困难给予自费寄养。

　　2.规章制度完善：建有食堂、财务、安全、卫生、规则、院长责任制、"六不"

---

　　①　原文标题为《关于市级文明敬老院验收的申请》。

守则等七方面职责制度,几年业未发生事故。

收费标准按市、区规定,无私自提高收费标准现象。

3.工作人员做到"六不",关系平等融洽。

4.工作人员与老人比例1:4(寄养除外)。

二、生活供给

1.办好食堂:每周院长亲自制订一次食谱,按食谱搞好伙食,菜做到符合老人(一周内菜单不重复)胃口、讲究营养,保证热菜热饭、吃饱吃好,节日改善生活,餐具坚持消毒,讲究卫生,老人所在地居民逢年过节还来慰问,伙食标准每月66元。

2.老人服装整洁,被褥暖和、整洁。

三、医疗护理

1.帮助老人养成爱清洁、讲卫生的良好习惯,要求他们勤洗澡勤换衣,经常晒被褥。夏天温水洗澡,冬天热水擦身。

2.发现有病及时请挂钩的红十字医院上门看病,病重送医院诊治。每年给老人免费体检两次,建立健康档案。

四、文娱康复方面

1.订有报刊供老人阅读。

2.配有彩电,逢年过节小朋友为老人表演文艺节目。

3.麻将。

老人们心情都比较舒畅,身体大多数是好的。于美珍,原来有精神分裂症,入院以来,生活稳定,现在基本好转。

五、院容院貌

1.室内外、公共场所随时打扫,基本达到一清"七无"。共建单位也常来搞卫生,做好事。

2.宿舍通风干燥,光线良好。

3.家具开院时全新的,被褥全新的。活动有场所,环境比较好。

六、生产经营(没有)

我们有一个承包企业(租房)每年收入 7000 元;两家福利厂每年资助 3600 元,合计 100600 元,基本解决经费自给。

打分:自评分为 100 分。

【由杭州市上城区紫阳街道办事处提供】

杭州市上城区物价检查所
关于居民区收费检查情况简报①

在行政事业性收费专项检查工作中,群众除了对教育、公安、环卫、房管的收费反映比较大,同时也反映了居民区收费乱的问题。为了澄清各居民区的收费情况,我们根据区委第四次反腐倡廉联席会议决定,于11月1日下午,许副区长召开各街道综治主任会议。区物委布置居民区行政事业性收费自查工作,发放了自查表,自查期限为11月1日至10日,各街道都进行了布置动员工作。多数街道领导重视这项工作,涌金街道办毛宗林主任亲自抓这项工作,打印了自查表22份,发到各居民区,要求认真自查。11月12日,全部回收上交。在各街道居民区自查的基础上,我所人员分成3个检查小组,对小营、万安桥下、四条巷、东都司卫等10个居民区的收费进行抽查。从自查和抽查的情况来看,主要有以下几个问题:

1.居民区工作任务繁重,收费项目多。由居民区收取的各种费用有12项:居民住房保洁费;地区单位保洁费;换户口簿工本费;暂住人口治安管理费;临时户口登记费;身份证(新领、换领、补领)费;外来人员计划生育管理费;居民住户治安费;自行车停车棚集资费;保险费;自行车管理费;有线电视费。

2.从收费项目看,绝大部分收费项目是各职能部门委托居民区收取的,占90%。而真正涉及居民区工作,有文件依据的收费项目是居民住户保洁费和地区单位保洁费。每年每户10元的居民保洁费,居民区在收费时难度很大,过去是每季度发粮票时一并收取,现在粮票不发了,保洁费要按家按户上门收取,加之居民干部年纪较大,居民住户为高层建筑,居民认为住得高,没有地要保洁不愿支付,有时给居民干部瞪白眼。据居民区反映,保洁费只能收到60%左右,一般入不敷出。

3.居民区也存在着没有收费文件依据,但社区管理工作必不可少的收费项目,如居民楼群集中的新村治安费,长生路居民区对向阳新村的治安管理工

---

① 原文标题为《关于对我区街居民区收费检查情况简报》。

作需要,向 528 户居民每月收 0.50 元治安费,计 264 元,聘请四个退休工人当纠察,24 小时值班,每月支出 540 元,不够部分由居民企业拨款。由于治安管理较好,三年来很少发生偷窃案件,得到省市领导好评。这种收费是合理不合法,虽然群众有了安全感,但他们认为这些钱应由政府承担,还有居民住户自行车停车棚集资费等。

　　我所下一步工作是将居民区的收费项目进行清理,有文件依据的收费项目,核发收费许可证使居民区收费实行亮证收费;无文件依据的收费项目,根据实际情况,采取上报立项或取消收费的措施。

杭州市上城区物价检查所

1993 年 11 月 25 日

【由杭州市上城区档案馆提供】

杭州市江干区闸口街道
关于对居民区进行年终考核的通知[①]

江闸办〔1993〕65 号

街道所属各居委会：

1993 年,各居委会在街道党工委办事处的正确领导下,在地区科的具体帮助指导下,认真贯彻落实小平同志南方讲话和党的十四大文件精神,紧紧围绕党的基本路线,以经济建设为中心,勇于开拓、求实创新,积极发展和创办居企集体经济,在加强居委会建设,开展达标争先创示范,发挥居委会"三自"作用,进一步推动两个文明建设等方面均取得了明显的成效。为贯彻江闸办〔1992〕012 号关于对居民区实行目标管理考核的有关文件精神,经研究,决定对 15 个居委会进行年终考核,现将有关考核指标及评分标准通知如下：

根据以往文件精神,今年的目标管理考核将做适当调整,基准分为 100 分,凡达到或超额完成各项指标均为满分,不加分;如达不到规定要求,将根据情况扣分,具体考核以下 12 项内容(分值由街道考核小组拟定)：

1. 新创或保持文明居委会称号的,10 分,如年初列报验收不合格或各种原因被取消文明单位称号的一律不得分。

2. 新创或保持文明卫生居民区称号的,7 分,扣分按前款处理。

3. 开展五好活动,五好家庭达到 50%、五好墙门达到 50%(在注重质量的基础上,坚持全体家庭人员全面符合五好条件),5 分,达不到规定要求,扣 1～2 分。

4. 安全居民区,5 分,基本安全居民区,3 分,不安全不得分。

5. 实行殡葬改革,火化率达 100%,并健全殡葬网络,5 分,达不到规定要求不得分。

6. 计划生育率(包括流动人口)、晚婚率均达 100%,计划生育工作开展较好,组织网络齐全,充分发挥计生协会作用,有计划生育台账,制度落实,5 分,

---

① 原文标题为《关于对居民区进行年终考核的通知》。

达不到规定要求不得分。

7.卫生工作经常化,制度化,无新违章建筑,无堆积物,绿化工作有人种,有人管,存活率达 90%,5 分,达不到要求的不得分。

8.建立社区服务志愿者协会,有协会章程,有活动项目 5 分。

9.积极开展双拥活动,建立双拥领导小组和军烈属包户小组,定期走访军烈属,5 分。

10.调解工作,调解率达 100%,成功率在 90% 以上,及时做好发生或可能发生纠纷,无民事转刑事和非正常死亡发生,或调解及时制止,10 分。

11.居委会一班人建立正常的办公制度和工作制度,并能较好地加以落实,各项工作台账齐全,居委会各项制度,责任上墙,工作有计划,班子团结,协调,热心服务,5 分。

12.居办企业有新的发展,当年利润(包括有偿服务)在 5 万元以上的为 33 分;3 万元以上的 23 分;2 万元以上的 20 分;1 万元以上的 15 分。

以上由街道组织相关部门参加,采取集体考核与分线考核相结合,年终考核与平时考核相结合,考核必须注重数据事实,严格掌握标准的要求,由居委会去进行自评,然后由街道统一考核。

闸口街道办事处

1993 年 11 月 27 日

【由杭州市上城区档案馆提供】

1994

杭州市上城区加强居委会建设，推动社会全面进步①

1990年1月1日《中华人民共和国城市居民委员会组织法》（以下简称《城市居委会组织法》）的颁布实施，标志着我国城市居委会建设进入了一个新的阶段。四年多来，我区组织干部群众认真学习、广泛宣传，深入贯彻实施了这部法律。从1990年初开始，依法进行了居委会的换届选举，健全了人民调解、治安保卫、民政福利、公共卫生等工作委员会。贯彻《城市居委会组织法》以来，按照此法的有关规定，大力发展居办经济，兴办社区服务事业，培训居委会干部，努力发挥群众自我管理、自我教育、自我服务的作用，使居委会逐步实现了自我管理规范化、自我教育经常化、自我服务社会化、自我建设制度化。城区两个文明建设在社会稳定中发挥了重要作用，成为城区工作的重要力量。近年来，在加强自治组织建设方面，向领导和同行们作简要的汇报。

一、领导重视、措施有力

《城市居委会组织法》的颁布实施，加强了基层政权和基层组织建设，是新时期党和国家在基层工作中的一项十分重要而迫切的任务。搞好居委会建设，是城市稳定的基石，是党和政府工作的得力助手，是推进改革，发展经济，推动社会进步的重要保证。区政府把这项工作列入议事日程，要求贯彻实施好、落实好。为了使这项工作有组织、有计划、有领导地开展起来，区建立了贯彻《城市居委会组织法》领导小组，区委、区政府17个有关职能部门的主要负责人参加，区委副书记任组长，分管副区长、民政局局长任副组长，下设办公室负责日常工作指导，责成民政部门制订实施方案，并把它列入区人代大会工作报告中的一项任务。区九届人大一次会议把贯彻实施好此法作为一项议案，并对贯彻实施情况进行了一次审议。区政府还把实施此法列入了以法治区三年规划。全区贯彻实施《城市居委会组织法》花了一年半时间，各居委会都按质、按量、按时、按计划顺利地完成了换届选举任务。

---

① 原文标题为《加强居委会建设，推动社会全面进步》。

二、加强建设,巩固成果

为了进一步全面深入贯彻《城市居委会组织法》,区委、区政府及时提出了全区开展创建示范居委会活动。认为开展这项活动,是全面深入贯彻此法的重要举措;是加强居委会建设,充分发挥"三自"作用,逐步实现居民自治的重要途径;是居委会两个文明建设的内在动力。从而提出用两年或稍长一点时间使75%的居委会成为区级示范居委会。根据区里的指示,我们及时向区政府写了《关于开展创建示范居委会活动的意见》和《关于示范居委会实施细则和验收办法》,区政府于1991年2月及时批转我们的报告。我们制订的示范居委会标准有20条,既体现其全面性、先进性、示范性,又有可行性;既有定量指标,也有定性指标;既有软件建设要求,又有硬件建设的项目规定,看得见,摸得着,便于考核。有了方案,我们狠抓实施,搞好试点,以点带面。除区领导小组选择2~3个居委会作为联系点,深入调查研究,具体帮助指导外,各街道也选择了自己的试点。在取得经验的基础上,全区召开试点经验交流会,在全区全面推开,分步实施。到每年年底,由居委会提出验收申请,街道考核推荐,区领导小组成员组成若干验收小组,到每个居委会实地逐项考评验收。三年中共创建区级示范居委会83个,占全区居委会总数的62.87%,其中经市局验收合格的市级示范居委会17个,占区级示范居委会的20.48%。区政府每年下达命名文件,召开表彰大会,小营巷、长生路、断河头3个居委会还被推荐为省级示范居委会。

三、建章立制,强化自治

贯彻《城市居委会组织法》,使我区居委会的建设全面发展和提高。居委会依据此法有关规定,实行规范化、制度化管理,把居委会工作纳入制度化、法律化的轨道。在原工作基础上,经过调查研究,去粗存精,充实内容,加以规范。现在全区所有居委会实行"五化"管理:一是账卡化。将居委会工作对象分类制成9种账卡15种工作记录,例如9种账卡有居委会干部、优抚对象、"四残"人员、社会孤老、待业人员、离退休人员、育龄妇女、违青人员、老人等资料,用以掌握各类人员的发展变化。二是工作规范化。居委会和各工作委员会都制订了工作职责,例如《居委会工作职责》《居委会正副主任岗位责任制》《各工作委员会职责》《居委会工作制度》《居委会干部守则》,街道对居委会工作的指导、支持,帮助"十条"规定等,使居委会工作有章可循。三是图表化。

凡需要居民了解和监督的工作,以图表形式公开上墙,诸如居委会组织、工作职责、居民区示意图、干部守则等,接受群众监督。四是档案系统化。按照建档要求,把居委会的文件、资料、照片、计划总结、居民会议、换届选举、干部更换等材料,按规定分类立卷归档。五是办公室条理化。居委会建立八项制度,例如工作制度(主任办公会议制度、居委会全体会议制度、各工作委员会会议制度)、学习制度、民主生活制度、接待来访制度、居民会议制度、财务会计制度、文书档案管理制度、检查评比制度等。干部按规定时间上下班。实施规范化、制度化管理提高了居委会工作的计划性、主动性、民主性和连续性,如每届居委会有 3 年任期目标规划,有当年的工作计划等,大大提高了工作效率和质量。

四、"三自"作用,有力推动

贯彻实施《城市居委会组织法》收到了良好的效果,推动了居委会各项建设。

一是加强和健全了居委会的组织建设,做到组织完善、人员齐全、素质提高。现有委员以上干部 893 名,比换届前增加 49.08%,其中连选连任 473 名,占 52.97%;新当选 420 名,占 47.03%。干部结构发生了很大变化,离退休干部职工占 84.85%,在职干部职工占 9.97%,个体劳动者和待业青年占 3.02%,纯居民占 2.32%;文化程度大有提高,大专文化占 8.96%,中等文化占 54.98%,小学文化占 35.83%;平均年龄有所降低,平均年龄为 58.60 岁,比原平均下降 3.74 岁;政治素质也有所提高,共产党员占干部总数的 30%,90% 的居委会都单独建立党支部,支部书记由主任或副主任兼任。居委会成员,基本上达到了年纪轻一点、文化好一点、党员比例高一点、家庭牵累少一点、懂经济的多一点、工作热情高一点的要求。

二是强化了居委会"三自"功能的发挥。在自我管理上,都建立了居民代表会议制度,实行民主决策、民主管理、民主监督。做到各项工作有组织、有人员、有措施、有效果。在自我教育上,各居民区都订立《居民公约》,经常性进行社会主义思想教育,广泛开展评选五好居委会、五好家庭活动,每年评选一项,达到群众自我教育的目的。在自我服务上,办起了各类便民利民的服务网络,增加了托儿所、红医站等服务设施。近年来新增服务网点 227 处,共计 3748 平方米,去年为群众服务达 8 万余件(次)。

三是居办经济持续、快速、健康发展。根据《城市居委会组织法》规定和示范居委会标准要求,大大调动了居民干部兴办实体经济的积极性,换届3年,实现营销收入(产值)18197.91万元,与换届前3年比增长584.73%,实现利税1192.09万元,增长441.59%;两年新办企业123家,每个居委会都有自己的企业,居委会有了经济实力,为开展居委会工作带来了活力。

四是精神文明建设结出硕果。居委会开展多种形式的社会主义精神文明建设活动,是法律赋予的任务。各居民区普遍重视精神文明建设,广泛开展宣传教育和创建文明单位活动。去年五月在居民区开展了"塑造天堂新形象"大讨论,围绕居民群众反映的热点、难点和要求,组织居民开展"邻里有困难,我该怎么办""让天堂更充满爱心,让天堂人家庭更美好""让小区环境更优美,让小区居民更安宁""社会公德人人竖"等专题大讨论,活动丰富多彩,收到了良好效果。为建立新型的人际关系,在居民区中广泛深入地开展创建"三五"活动,去年评选出五好居委会73个,五好大院1798个,五好家庭34179户。为了维护社会安定团结,对民间纠纷坚持"以防为主、调防结合",居民区的民间纠纷及时化解,去年调解民间纠纷530起,调解成功524起,调解成功率达98.86%,进一步促进了邻里团结,家庭和睦。为了对青少年进行爱国主义和共产主义理想教育,在暑假期间开展丰富多彩的有益活动。特别是对违法青少年的帮教,对452名违法青少年建立了学校、家庭、居民区三结合帮教小组。通过帮教,好转率达到96.68%,涌现出了陆刚、沈元表、孟万春等勇士与歹徒搏斗、勇擒罪犯等英雄事迹。

五是加强培训,提高素质,稳定队伍。我们对居委会以上干部,支持每年培训一次,去年对893名干部分期分批进行了一次政治、法律和业务培训,培训率达到100%,大大提高了干部的政治和业务素质。由于居民区工作烦琐、生活补贴待遇低等多种原因,多数干部不安心居民工作,特别是换届的居委会,老的要求离任,新的不肯出来。为稳定这支队伍,在区领导的重视和关怀下,在区财政十分困难的情况下,提高了居民干部的生活补贴待遇,主任从原来每人每月50元,提高到100元;副主任从原来45元,提高到90元。历年离任的纯居民干部也相应地提高了生活补贴,居民干部补贴全区全年支出达120余万元。

杭州市上城区民政局

1994年3月3日

【由杭州市上城区档案馆提供】

中共杭州市上城区南星街道党工委、南星街道办事处批转街道综治委司法科《关于一九九四年"二五"普法工作的安排意见》的通知①

南街办字〔1994〕第 9 号

街道所属各单位、各居委会、机关各科室：

　　街道党工委、办事处同意街道综治委、司法科《关于一九九四年"二五"普法工作的安排意见》，现批转给你们，望结合实际，做好安排，认真贯彻实施，如期完成"二五"普法任务。

中共南星街道党工委、南星街道办事处

1994 年 3 月 30 日

关于一九九四年"二五"普法工作的安排意见

　　根据区委宣传部、区司法局《关于一九九四年"二五"普法工作的安排意见》，结合街道工作实际，对 1994 年"二五"普法工作及验收工作安排如下：

一、1994 年普法工作要求

　　重点是组织干部职工学习有关市场经济的法律法规，同时，做好查漏补缺工作，确保"二五"普法任务的如期完成。

二、内容及安排

　　1. 学习市场经济有关的法律法规

　　主要有《公司法》《企业法》《经济合同法》《反不正当竞争法》《消费者权益保护法》《产品质量法》《商标法》等。上述法律的普法对象主要是街道机关干

---

　　①　原文标题为《中共南星街道党工委、南星街道办事处批转街道综治委司法科〈关于一九九四年"二五"普法工作的安排意见〉的通知》。

部、企业干部职工、居民区企业及三公司①企业承包人。

(1)街道机关干部采取政治学习时间集中面授、书面测验的方法进行,拟安排在 4 月 15 日面授,4 月 29 日采取多种形式测试。

(2)企业干部职工及三公司和居企承包人采取骨干集中培训,职工以在职教育、岗位教育为主,辅之以其他行之有效的形式进行。组织做好试卷,集中上报,这一工作在 6 月底前结束。骨干培训时间与街道干部同时进行,各企业必须认真组织参加。

2.学习公民权利特殊保护的有关法规

主要有保护妇女和儿童合法权益的有关规定、浙江省《保护老年人合法权益若干规定》《残疾人保障法》等,普法对象是居委会干部和居民群众。

居干的普法在 4 月上旬培训时进行。居民群众的普法采取出黑板报、广播和宣传窗的宣传形式进行。

3.查漏补缺

(1)有关《宪法》《刑法》《刑事诉讼法》《治安管理处罚条例》《民法通则》《民事诉讼法》等结合治保调解干部培训进行教育。同时采取结合打击犯罪活动的宣传教育,利用广播、黑板报开展宣传。

(2)中共中央国务院和全国人大常委会《关于加强社会治安综合治理的两个决定》、全国人大常委会《关于加强法制教育维护安定团结的决定》,教育对象为地区单位职工和居民群众,地区单位职工由各单位自行安排,居民群众采取图片展览形式进行教育,居委会干部结合培训进行。

三、有关事项

1.为迎接 8 月份区普法验收,各单位要在 7 月份做好自查工作。(自查表由街道统一印发)

2.要做好教材征订工作,要求市场经济有关法律职工人手一册,经费由各单位自理,街道普法经费预算 2000 元,主要用于资料费、辅导费、宣教费及培训活动费等,请行政拨款,专款专用。

南星街道司法科

1994 年 3 月 30 日

【由杭州市上城区档案馆提供】

---

① 三公司:指街道商业、劳动服务、民政企业。——编者注

杭州市上城区民政局关于依法
搞好居委会换届选举工作的意见①

上民字〔1994〕10 号

各街道办事处：

　　居委会是城市工作的重要组成部分，是一项非常重要的基础工作。江泽民同志指出，居委会是密切政府与群众联系的重要桥梁，可以协助党和政府解决居民群众中存在的许多问题和困难，化解许多人民内部矛盾，对于增进群众团结和促进社会稳定起着很大的作用。今年是《居委会组织法》(简称《组织法》)颁布第四个年头，全区有 60％的居委会第一届 3 年任期已满，需要依法进行换届选举，今年居委会换届选举面大任务重，必须加强领导，认真搞好。为此，根据《组织法》的规定和区十届二次人代会的精神，对换届选举工作提出如下意见。

一、建立组织，加强领导

　　为了切实搞好居委会第二届依法换届选举工作，必须在街道党工委的统一领导下进行，各街道要建立居委会换届选举领导小组，领导小组由党办宣传、组织、办事处民政科的有关同志组成，党工委分管书记或办事处主任为组长。具体负责指导换届选举工作。各居民区的党支部也要建立相应组织，落实换届选举工作。领导小组要制订好换届选举的实施计划，充分做好换届选举的各项准备工作。

二、民主协商，依法选举

　　民主协商，依法选举是搞好换届选举工作的关键，工作必须做深做细。换届选举工作具体分以下四阶段进行：

　　第一阶段为宣传发动阶段。要认真组织小组长以上的居民干部和墙门代表、群众学习宣传《组织法》，运用报告会、黑板报、横幅标语等多种形式广泛宣传，领会《组织法》有关规定的基本精神，明确依法换届选举的目的、意义和做

---

　　①　原文标题为《关于依法搞好居委会换届选举工作的意见》。

法。通过学习宣传,基本上达到家喻户晓,使换届选举工作顺利进行。

第二阶段为群众推荐、民主协商居委会组成人员候选人。这一阶段是决定换届选举是否成功的最重要环节,工作必须做深做细,依法办事。这一阶段要做好四件事:(1)按《组织法》有关规定张榜公布居委会组成人员候选人条件。(2)开好四个座谈会,组织群众推荐、提名居委会成员候选人名单:①召开本届居委会干部座谈会,请他们提名推荐下届居委会成员候选人名单;②按居民区行政小组召开群众代表座谈会,提名推荐候选人;③召开部分小组长、墙门代表座谈会,提名推荐候选人;④居民区党支部组织党员座谈会,请他们提名推荐候选人,必须有一个提议,四人以上附议才能确定候选人。(3)第一轮候选人提出后,要简要介绍候选人情况,并张榜向群众公布,征求意见。(4)换届选举工作组对候选人逐个进行走访考察,了解基本情况,然后召开有各方代表参加的协商会议,协商推荐正式候选人。正式候选人确定后,在选举之日前五天公布,以张红榜形式,进一步征求意见。

协商推荐候选人要充分发扬民主,同时要尽量使居委会成员年纪轻一点、文化高一点、事业心强一点、家务事牵连少一点、懂经济的多一点。

第三阶段为召开居民代表会议,民主选举产生新一届居委会组成人员。这一阶段要做好四件事:(1)按《组织法》的有关规定,选好居民会议代表;(2)召开会议时,居委会向居民会议代表报告工作,听取意见;(3)通过选举办法和监票人、计票人名单;(4)由出席代表进行无记名投票选举。正副主任实行等额选举,委员实行差额选举。会议要开得庄严、隆重、热烈,做到依法办事,充分发扬民主。

第四阶段是搞好分工,加强建设。选举产生新一届居委会后,要召开第二届第一次居委会会议,正副主任、委员进行分工,明确职责,同时配备好各工作委员会班子。会后,要调整充实好居民小组正副组长和墙门代表。制订好新一届委员会的任期 3 年目标规划。修订和健全各项规章制度。

三、搞好总结,加强培训

街道整个换届选举结束后,各街道要对新老干部进行一次短期的政治和业务培训,使居委会工作进入正常运转,并对换届选举工作进行全面总结,形成书面材料报区(附各居委会新一届成员名单)。

上城区民政局

1994 年 4 月 18 日

【由杭州市上城区档案馆提供】

杭州市上城区清泰街道关于
成立居委会精神卫生看护网的通知①

上清办〔1994〕98 号

各居委会：

　　根据市、区精卫办要求，做好我街道精神卫生工作，要求各居委会成立精神卫生看护网，并将各居委会看护网名单上报街道精神卫生领导小组备案。

清泰街道办事处

1994 年 6 月

【由杭州市上城区档案馆提供】

---

①　原文标题为《关于成立居委会精神卫生看护网的通知》。

上海市街道办事处工作规定

上海市人民政府工作报告第 81 号令发布

第一条 (目的和依据)为了加强本市街道办事处的建设,充分发挥其行政管理的职能,密切政府与群众的联系,根据《中华人民共和国地方各级人民代表大会和地方各级人民政府组织法》和《城市街道办事处组织条例》的规定,结合本市实际情况,制订本规定。

第二条 (性质与职能)街道办事处是区人民政府的派出机关,受区人民政府的领导。

街道办事处依据法律、法规、规章的授权或者在区人民政府委托的职权范围内,负责本辖区的行政管理工作。

第三条 (工作目标)街道办事处的工作应当服从和服务于经济建设的中心任务,以社区管理和社区服务为重点,积极开展社会主义精神文明和物质文明建设,把辖区建设成为安定团结、环境整洁、方便生活、服务四化的文明社区。

第四条 (设立的原则和规模)街道办事处根据地域条件和居民分布状况,按照便于工作、便于联系群众和有效进行管理的原则设立。街道办事处管辖区域的居民人口一般为 5 万至 10 万人。

第五条 (报批程序)街道办事处的设立、合并、撤销、更名、管辖区域的变更、驻地迁移,由区人民政府报上海市民政局审核;经审核同意后,由上海市民政局报上海市人民政府批准。

第六条 (任务)街道办事处的主要任务是:

(一)贯彻法律、法规、规章,开展社会主义民主与法治的宣传和以弘扬社会公德为主的道德教育;

(二)按照有关规定管理街道经济工作,指导街道经济,组织发展生产;

(三)制订社会治安综合治理规划并组织实施,开展人民调解、治安保卫工作,依照有关规定管理外来流动人口,维护老年人、妇女、青少年、儿童和残疾人的合法权益;

(四)协同有关部门开展计划生育、爱国卫生、防病保健、市容环境卫生、环

境保护和劳动就业的管理工作;

(五)指导、支持和帮助居民委员会的工作,促进居民委员会的组织建设和制度建设;

(六)开展社区服务、拥军优属工作,兴办社会福利事业,做好社区文化、科普、体育、教育工作;

(七)配合有关部门检查、督促新建、联建和改建住宅的公建配套设施的落实;

(八)配合有关部门做好防汛、防台、防震、防火、抢险、防灾救灾工作;

(九)向区人民政府反映居民的意见和要求,办理人民群众来信来访事项;

(十)完成区人民政府交办的其他任务。

第七条 (街道办事处主任职责)街道办事处实行主任负责制。主任主持街道办事处的全面工作,其主要职责是:

(一)组织实施本规定第六条规定的各项任务;

(二)召集和主持街道办事处办公会议;

(三)负责街道办事处工作人员的任免、调整、考核和奖惩工作;

(四)决定街道办事处的其他重大事项。

街道办事处副主任协助主任工作,主任因故缺位时,由一位副主任代行主任职责。

第八条 (人事建议权)街道办事处对区人民政府有关部门设在辖区内的派出机构主要行政负责人的任免、调整、考核和奖惩,提出意见和建议;区人民政府有关部门应当在做出决定前,主动听取街道办事处的意见和建议。

第九条 (综合协调权)街道办事处可以向辖区内的机关、团体、企业、事业单位布置有关城市管理、社会治安综合治理、方便群众生活等地区性、社会性、群众性的工作任务,并进行督促、检查、考核、协调和指导。

市、区人民政府所属部门需要街道办事处协助完成其他有关工作任务的,应当经人民政府同意后下达。

第十条 (行政处罚权)街道办事处可以依据法律、法规、规章的授权或者有关部门的委托,行使部分处罚权。

第十一条 (街道办事处办公会议)街道办事处办公会议由主任、副主任组成,必要时各科室负责人和有关人员可列席会议。会议主要研究决定办事处工作中的重要事项。

第十二条 (街道管理联席会议)街道管理联席会议由辖区内有关负责人

参加,主要协调解决街道工作中的有关问题。对联席会议形成的决议,辖区内有关单位应当遵照执行。

第十三条 (居民代表会议)街道办事处每年组织召开一次居民代表会议,向居民报告工作,听取意见,接受居民监督。

第十四条 (居民委员会主任会议)街道办事处定期或者不定期召开居民委员会主任会议,必要时可以召开居民委员会下设的有关工作委员会会议,研究、布置工作,交流经验。

第十五条 (工作制度)街道办事处实行公开办事制度,建立适应工作和居民需要的接待制度、值班制度、联络员制度,并建立岗位责任制。

第十六条 (应用解释部门)本规定的具体应用问题,由上海市民政局负责解释。

第十七条 (施行日期和废止事项)本规定自 1995 年 1 月 1 日起施行,1987 年 2 月 12 日上海市人民政府发布的《上海市街道办事处工作暂行条例》同时废止。

　　　　　　　　　　　　　　　　　　　　　　1994 年 11 月 10 日

杭州市上城区深入贯彻实施《居委会组织法》居委会"三自"作用日常发挥①

——关于《居委会组织法》实施情况调查报告

《居委会组织法》颁布实施四年多来,我区组织干部群众认真学习、广泛宣传,深入贯彻实施了这部法律,先后两次进行了民主换届选举,健全了居委会组织,使居委会逐步走上了自我管理规范化、自我教育经常化、自我服务社会化、自我建设制度化的轨道。现将调查情况综述如下:

一、领导重视,措施有力

《居委会组织法》颁布以后,区委、区人大、区政府的领导非常重视。为了使这一法律有组织、有计划、有领导地贯彻实施,建立了贯彻《组织法》领导小组,由区级和 17 个职能部门的领导组成,由区委副书记任组长。分管副区长和民政局局长任副组长,下设办公室负责日常工作指导。《组织法》的贯彻实施,在区九届人大一次会议上,被列为政府工作报告中的一项任务,被人代会列为一项议案,纳入了依法治区三年规划和干部法制培训内容。《组织法》的执行,于 1990 年上半年在小营、清泰、城站街道试点。同时,小营巷居委会是省的试点,皇诰巷是市的试点。由于省、市、区领导的重视,使全区实施《组织法》由点到面,工作顺利进行,仅用一年半时间,就完成了居委会的换届选举任务。按照《组织法》居委会干部任期 3 年的规定,于 1993 年下半年和 1994 年上半年,又顺利完成了第二届换届选举工作。

二、组织健全,素质提高

全区居委会先后经过两次民主换届选举,做到组织完善、人员齐全、素质提高。现有委员以上干部 784 名,比换届前增加 30.88%。连选连任 193 名,占 24.62%,新当选 591 名,占 75.38%。干部结构起了很大变化,其中离退休

---

① 原文标题为《深入贯彻实施〈居委会组织法〉居委会"三自"作用日常发挥》。

干部职工 744 名,占 94.89%,在职干部职工 23 名,占 2.93%,个体劳动者和待业青年 2 名,占 0.26%,纯居民 15 名,占 1.91%。文化程度普遍提高,大专文化 39 名,占 4.97%,中等文化 451 名,占 57.53%,小学文化 294 名,占 37.50%。年龄结构得到改善,平均年龄为 59.64 岁。政治素质也相应提高,干部中中共党员 242 名,占干部总数的 30.87%,90% 以上居委会单独建立党支部,支部书记由党员主任或副主任担任。居委会组成人员基本上达到了年龄轻一点、文化高一点、经济懂一点、家务少一点、工作热情高一点的"五个一点"的要求。

根据《组织法》规定,配齐了各工作委员会干部和行政小组长,大院还有墙门代表。各类组织齐全。各街道对委员以上干部,坚持每年培训一次,培训率达到 95% 以上,大大提高了干部的政治和业务素质。

三、示范活动,效果显著

为了全面深入地实施《组织法》,区委、区政府及时提出了开展创建示范居委会活动,并于 1991 年 2 月 28 日发了上委〔1991〕5 号文件,批转了《关于开展创建示范居委会活动的意见》的通知,提出了从 1991 年开始,用两年或稍长时间,把全区 75% 的居委会建成贯彻实施《组织法》的示范居委会和示范街道。四年来,共创建区级示范居委会 93 个,占全区居委会总数的 70.45%。区政府每年下达命名文件,召开大会,授牌表彰。其中,市级示范居委会 17 个(今年又可推荐 13 个),省级示范居委会 3 个(小营巷、长生路、断河头居委会)。

四、建章立制,强化自治

依据《组织法》的有关规定,居委会的各项制度在原有基础上,全面规范,完善内容。实施《组织法》以来,全区居委会实行"五化"管理,一是账卡化——居委会工作分类制成 9 种台账卡、15 种工作记录,用以掌握各类人员的发展变化。二是工作规范化——居委会制订了《工作职责》《干部守则》《工作制度》等 10 种规章,使居委会工作有章可循。三是图表化——凡是需居民群众了解和监督的,以图表形式上墙公布,让群众知道,接受群体监督。四是档案管理系统化——把居委会每年的文书、资料分类立卷归档。五是办公制度条理化——居委会建立八项工作制度,把居委会工作纳入规范化、制度化、法律化的轨道。每届居委会都有 3 年任期目标规划和当年工作计划,大大提高了工作效率。

五、"三自"作用得到发挥

居委会是居民自我管理、自我教育、自我服务的基层群众性自治组织。区政府根据《组织法》有关规定,明确给居委会管理、教育、服务等 8 项具体自治权,调动了广大干部的积极性,推动了居委会各项事业的发展。

一是居委会"三自"功能得到进一步发挥。在自我管理上,建立了居民代表会议制度,每年召开 1～2 次,向居民报告工作,实行民主决策、民主管理。社会治安、计划生育、市容卫生、殡葬管理等都能做到有组织、有人员、有制度、有措施、有效果。在自我教育上,充分利用黑板报阵地,宣传党的方针政策,弘扬好人好事,加强对校外青少年和违法青少年的教育工作,全区违青帮教好转率达 95％以上。在自我服务上,积极搞好社区服务,新增社区服务网点 227处,共计 3748 平方米,每年为居民群众服务达 10 余万件(次)。

二是居办经济持续、快速、健康发展。实施《组织法》三年来,居办企业实现营销收入 18197 万元,比前三年增长 5.84 倍,实现税利 1192 万元,增长 4.4倍。新办企业 200 余家。现有年创利万元以上居民区 110 个,占居委会总数的 83.33％,其中最高的学士路居委会年税利达 25 万元。

三是精神文明建设结出硕果。各居民区广泛深入地开展"三五"活动,去年全区评选出五好居委会 89 个,占 67.42％,五好大院 1787 个,占 58.48％,五好家庭 34176 户,占 44.51％。对民间纠纷,坚持"以防为主,调防结合",三年中调解纠纷 1884 起,调解成功 1877 起,调解成功率达 99.63％,进一步促进了家庭和睦、邻里团结。对 452 名违青建立了学校、居民区、家长三结合帮教小组,通过帮教,好转率达到 95.68％,涌现出了像陆刚等勇士与歹徒搏斗、勇擒罪犯等英雄事迹。

四是基础设施日趋完善,居委会的凝聚力不断增强。在居委会基础设施建设的三年中,据不完全统计,新建扩建居委会办公用房 70 余处,面积为 1700平方米,各类社区设施 227 处,面积为 3748 平方米。《组织法》的颁布,居委会地位的提高,干部民主选举,增加了大家的荣誉感和责任感。干部的生活补贴,在区领导的关心下,也得到了改善,两次换届选举中,涌现出新干部 591名,占干部总数的 75.38％。

《组织法》贯彻实施以来,虽然居委会建设取得了丰硕成果,但在实施过程中还存在一些不足和问题。

1.对《组织法》的学习、宣传力度不够。仅在换届选举时,街道、居委会向群众做些宣传,声势不大。有的单位和机关部门对《组织法》的执行没有引起重视。

2.居委会工作负担过重。有些职能部门应该自己办的事压到居委会去办,如计划生育需要填写 20 多种统计表,还有外来人口的调查、登记、发证、银行储蓄等工作,超越了居委会的"三自"要求。

3.少数街道分管居民区的外勤不落实工作或者素质较低,对居委会工作指导帮助不力。

4.居委会干部来源还没有根本解决,动员有能力、有威望的人出来做居民工作难度还比较大。目前干部中 70 岁以上的还有 68 人,占干部总数的 8.67%。

5.居民干部增加部分的生活补贴经费还没落实。有经济的居委会虽能自己承担,但感到负担过重,用于公益事业的经费就少了。全区还有 30% 左右的居民区自己无法承担,靠街道补贴。

6.居办经济的管理体制不顺。虽有居企办,但居企办只管经济,民政科只管行政事务,实际工作中相互脱节。居企的税收优惠政策无法落实。

针对上述问题,我们提出如下建议:

1.明年是《组织法》颁布五周年,全国、省、市要搞一次纪念活动,推动《组织法》的深入贯彻。我们建议借此契机,全区搞一次宣传周活动。同时,在组织干部法制培训时,列入学法内容之一。

2.解决居民干部工作负担过重问题。凡是有关职能部门要居委会配合工作的,不得直接向居委会布置,必须经主管部门或街道严格把关,统筹安排。

3.解决对居委会工作指导不力的问题。建议没有专职外勤的街道,要配好专职外勤,现有外勤干部素质较低的,要适当调整,把外勤干部配强。

4.居民干部生活补贴经费来源问题。建议最好由区财政统筹解决为好。

5.解决居办经济管理体制和税收政策问题。我们建议,居企办归口街道民政科统一管理,实行两块牌子,一套班子。居办企业税收优惠政策,建议按市政府文件规定年利 10000 元以下可以申请减免优惠。

最后,建议区政府在 1995 年适当时候,召开一次居民区工作会议,具体研究解决问题的办法和措施,使居民区工作从总体上有新的发展。

【选自《人大工作通讯》参阅资料(九)杭州市上城区人大常委会办公室编 1994 年 12 月 19 日　由杭州市上城区档案馆提供】

1995

关于召开杭州市街道万册图书馆、
居民区先进文化室表彰大会的通知

市文化文〔1995〕2 号

各区文化局、有关街道办事处、街道文化站、有关居民区：

近年来由于各方面的努力,杭州城区的街道文化站万册图书馆、居民区先进文化室创建工作取得了显著成绩。全市 31 个街道文化站都建立了图书馆(室),712 个居民区 90％有了文化室,而且其中部分图书馆和文化室已分别达到了万册图书馆和先进文化室标准。现经各区文化局初评推荐,由市文化局组织市群艺馆、市图书馆人员检查考评,上城小营巷街道等 9 个文化图书馆被评定为杭州市街道万册图书馆,下城朝晖华一居民区等 39 个文化室被评定为杭州市居民区先进文化室(具体名单附后)。

为了进一步推动基层群众文化事业的发展,我局将对获得万册图书馆和先进文化室称号的单位予以授匾表彰。表彰大会定于 1995 年 1 月 24 日上午八点半在市图书馆一楼歌舞厅召开,时间半天,参加人员为 9 个万册图书馆所在街道的多名分管领导、文化站站长,39 个先进文化室居民区代表各 1 名,各区文化局、文化馆、市群艺馆、市图书馆、市少儿图书馆领导各 1 名。会议邀请市委宣传部文化处、市府城建文化处、市民政局及有关新闻单位参加。请参加会议的人员按时出席。

1995 年 1 月 5 日

【由杭州市上城区档案馆提供】

附件：

杭州市街道文化站万册图书馆(9 个)

上城区:小营巷街道文化站图书馆
　　　　城站街道文化站图书馆

　　　　　涌金街道文化站图书馆
　　　　　横河街道文化站图书馆
下城区:朝晖街道文化站图书馆
　　　　　武林街道文化站图书馆
　　　　　长庆街道文化站图书馆
　　　　　天水街道文化站图书馆
　　　　　潮鸣街道文化站图书馆

杭州市居民区先进文化室(39 个)

江干区:凯旋街道华一居民区文化室
　　　　　凯旋街道华四居民区文化室
　　　　　凯旋街道双菱新村二居民区文化室
　　　　　凯旋街道双菱新村一居民区文化室
　　　　　凯旋街道红星二居民区文化室
拱墅区:小河街道长征桥居民区文化室
　　　　　拱宸桥街道登云居民区文化室
　　　　　和睦街道化纤居民区文化室
　　　　　东新街道杭氧居民区文化室
　　　　　米市巷街道新河坝居民区文化室
　　　　　半山镇雨花弄居民区文化室
下城区:长庆街道新桥居民区文化室
　　　　　艮山街道北花园弄居民区文化室
　　　　　潮鸣街道花灯巷居民区文化室
　　　　　天水街道环北居民区文化室
　　　　　武林街道环西居民区文化室
　　　　　武林街道环城居民区文化室
　　　　　武林街道中北居民区文化室
　　　　　朝晖街道工业大学居民区文化室
　　　　　朝晖街道华一居民区文化室
　　　　　朝晖街道应家桥居民区文化室
　　　　　朝晖街道玉公桥居民区文化室

　　　　朝晖街道黎北居民区文化室

西湖区：北山街道杭大居民区文化室

　　　　灵隐街道曙光二村居民区文化室

　　　　翠苑街道一区第一居民区文化室

　　　　翠苑街道一区第二居民区文化室

　　　　西溪街道建工居民区文化室

　　　　西溪街道杭磁居民区文化室

　　　　西溪街道文北居民区文化室

上城区：湖滨街道长生路居民区文化室

　　　　湖滨街道蕲王路居民区文化室

　　　　城站街道城站路居民区文化室

　　　　城站街道福缘巷居民区文化室

　　　　小营街道宿舟河下居民区文化室

　　　　横河街道华藏寺巷居民区文化室

　　　　清泰街道吉祥巷居民区文化室

　　　　涌金街道奎恒巷居民区文化室

　　　　涌金街道饮马井巷居民区文化室

【由杭州市上城区档案馆提供】

杭州市江干区关于命名和表彰一九九四年度区级文明单位、小康村、示范居委会和劳动模范的决定[①]

江委字〔1995〕1 号

各镇、街道、区属各单位、区级机关部门：

　　1994 年，全区各条战线的广大干部群众，在各级党委和政府的领导下，以党的十四届三中、四中全会精神为指导方针，解放思想，更新观念，开拓进取，勤奋工作，较好地完成了我区的经济和社会发展的各项任务，涌现了一大批先进单位和先进个人。为了表彰先进、树立典型，进一步激励干部群众的工作热情和创新精神，在基层单位申报、主管部门推荐，区总结评比领导小组审查验收的基础上，区委、区政府决定命名丁桥水泥瓦筒厂等 27 个单位为 1994 年度区级文明单位；命名四季青镇三叉村等 20 个村为 1994 年区级小康村；命名闸弄口街道濮家新村第三居委会等 3 个居委会为 1994 年度区级示范居委会；表彰何福祥等 10 名同志为 1994 年度区级劳动模范。同时决定撤销望江村等 16 个文明单位称号（其中自然取消 6 个）。

　　区委、区政府希望全区各单位和广大干部群众，在新的一年里要继续以党的十四届三中、四中全会精神为指导方针，进一步发扬团结拼搏、求实务实、开拓创新、勇创一流的精神，为全面完成区委五届七次全体（扩大）会议提出的各项目标和任务，实现经济和社会各项事业再登新台阶而奋斗。

　　（附：文明单位、小康村、示范居委会、劳动模范名单）

中共杭州市江干区委员会

杭州市江干区人民政府

1995 年 1 月 10 日

---

　　①　原文标题为《关于命名和表彰一九九四年度区级文明单位、小康村、示范居委会和劳动模范的决定》。

附件：

一、1994 年度区级文明单位（27 个）

丁桥水泥瓦筒厂、江干石油公司、杭州市佑康食品有限公司、杭州家用电器厂、华家饭店、闸口劳动服务公司、晨光化学综合利用厂氯甲醚车间、新紫阳商业贸易公司、杭州铁粉材料厂、采荷第三幼园、闻王庙幼儿园、艮山路小学、江干医院、望安旅馆、江干日用工业品公司、区工商局、望江工商所、笕桥供销社、杭州南方特种玻璃公司、彭埠棉百商店、紫阳派出所、闸口环卫站、笕桥法院、浙江省第三建筑工程公司、浙江省机械施工公司、浙江省送变电工程公司、市工商银行江城支行。

二、1984 年至 1993 年命名的经复验保留的区级文明单位（179 个）

丁桥镇（8 个）：后珠村、长睦村、同协村、丁桥酱菜厂、大塘村、丁桥敬老院、丁桥中心小学、江建八公司。

笕桥镇（9 个）：花园村、范家村、笕桥居委会、笕桥中心小学、浙江万事利集团公司、杭州环东针织厂、江建五公司、江能实业公司、杭州浙江汽配城。

彭埠镇（14 个）：新塘村、杭州交通机械修配厂彭埠分厂、皋塘村、杭州锅炉辅机厂、兴隆村、御道村、彭埠中心小学、彭埠镇居委会、彭埠村、六堡村、宏光锻造厂、章家坝村、七堡村、杭州亚光扑克彩色印刷厂。

四季青乡（10 个）：杭州凯旋饭店、常青村、景芳村、五福村、江建四公司、牛奶食品公司、四季青中心小学、四季青敬老院、四季青信用社、定海村。

闸弄口街道（10 个）：闸弄口街道办事处、杭州西子绸厂行政组、机神村第一居委会、闸弄口第四居委会、闸弄口第二幼儿园、闸弄口新村第五居委会、闸弄口新村第六居委会、闸弄口新村第三居委会、笕桥皮件服装厂、杭州中华橡胶厂。

采荷街道（5 个）：紫藕第一居委会、洁莲第一居委会、绿萍第二居委会、青纯居委会、江干区采荷第一幼儿园。

凯旋街道（8 个）：华家池第一居委会、华家池第二居委会、双菱新村第一居委会、双菱新村第二居委会、农大家属委员会、茶厂家属委员会、商教新村第二居委会、人民新村居委会。

望江街道（22 个）：上木场巷居委会、永明新村居委会、霞晖南村第一居委会、兴隆西村第一居委会、始板桥新村第一居委会、始板桥新村第二居委会、兴隆东村第一居委会、新丰新村居委会、光明饮食店、大通招待所、临河招待所、望江商业公司门市部、望兴菜馆、始板桥综合商店、杭州铁粉材料厂铁粉班、浙江邮电器材四厂、望江路、兴隆东村第二居委会、清泰门居委会、大通桥第二居委会、杭州木钻厂机修班、望江工业公司。

紫阳街道(16个):紫阳街道办事处、杭州搪瓷五金厂三车间、吴山五交化商店、上仓桥居委会、大狮子巷居委会、袁井巷居委会、严官巷居委会、白马庙巷居委会、万松岭居委会、兴汤居委会、瑞石亭居委会、茶啾弄居委会、过军桥居委会、十五奎巷居委会、吴山新村居委会、杭州电器三厂。

南星街道(12个):车站居委会、凤凰塑料油墨厂油墨车间、南方环保涂装设备厂钣金组、杭州秋涛化工油漆站、宝善居委会、凤山新村综合商店、铁路边居委会、宋城居委会、馒头山居委会、剪刀居委会、木材新村家属委员会、杭州南方仪表厂仪表成套车间。

闸口街道(8个):水澄桥居委会、复兴街居委会、柴校弄居委会、羊义弄居委会、闸口街道幼儿园、闸口货物转运站、立新居委会、杭州之江建材设备厂钳工车间。

教委(11个):望江门小学、大狮子巷小学、化仙桥小学、杭州兴业印刷厂、采荷第二小学、濮家幼儿园、平安里小学、四季青中学、江滨小学、天杭小学、紫阳小学。

卫生局(5个):笕桥医院、区中医院、四季青卫生院、区红十字会医院、杭州东城医院。

公安分局(4个):凯旋派出所、闸弄口派出所、笕桥派出所、采荷派出所。

商业局(10个):杭州中发贸易公司、杭州中欣贸易公司、杭州万昌综合商行、杭州世界大药房、杭州凯旋副食品综合商场、杭州汪德和食品商店、杭州南星水产综合商行、杭州采荷二区综合商场、杭州钱江旅馆、杭州洁美理发店。

财税局(1个):笕桥财税所。

城乡建委(4个):市政园林养管所下水道组、市政园林养管所中河绿化组、江建施工现场管理组、江干市政园林养管所。

工业总公司(1个):可靠性仪器厂一车间。

供销社(14个):四季青供销社、庆春商场、凯旋水暖五金商店、庆春门生产资料商店、清泰门生产资料商店、江供副食品公司庆春门批发部、清泰门食品批发部、笕桥百货市场、艮江五金交电商店、广盛商场、杭州新兴塑料五金机械厂、江干区物资回收公司、江干供销贸易中心、笕桥生产资料公司。

工商局(3个):汽车东站市场管理所、新塘工商所、笕桥工商所。

环管办(1个):闸口环卫清肥组。

区机关党工委(2个):杭州永固防雨制品厂、江干法庭经济庭。

区房管局(1个):城南房地产物业公司北片维修班。

撤销文明单位称号(10个):望江村、彭埠派出所、和平百货商场、丰采综合商行、江干财税一所、丁桥供销社、之江综合商店、红菱菜场、永安汽配商店、自行车配件公司南星中心站。

自然取消文明单位称号(6个):弄口生资商店、城东纺织品批发部、笕桥皮件服装厂缝纫组、笕桥皮件服装厂行政组、凤山门居委会、城东实业公司。

三、1994年度小康村(20个)

四季青镇(5个):三叉村、景芳村、玉皇村、三堡村、望祝村。

彭埠镇(6个):新塘村、新风村、六堡村、云峰村、御道村、建华村。

笕桥镇(7个):闸弄口村、董家村、三里亭村、俞章村、范家村、白石村、草庄村。

丁桥镇(2个):后珠村、三义村。

四、1994年度区级示范居委会(3个)

闸弄口街道:濮家新村第三居委会。

凯旋街道:新建居委会。

紫阳街道:袁井巷居委会。

五、1994年度区级劳动模范(10个)

丁桥镇:何福祥

笕桥镇:朱财宝

彭埠镇:周定伟

四季青镇:祝浩泉

闸弄口街道:沈杏凤

凯旋街道:张佩华

区教委:陈丽华

区卫生局:戴凤仙

区计生局:沈珠凤

区供销社:丁汉成

【杭州市上城区档案馆提供】

杭州市上城区关于成立清泰地区全民健身
计划领导小组、"辅导站"和各居民区"体育领导小组"
"辅导点"的决定^①

上清工委〔1995〕第 10 号

清泰地区各有关单位、各居民区:

　　随着经济发展、社会进步和人民物质生活水平的不断提高,人民群众对体育、健身、康复、文化娱乐等方面的需求将越来越强烈,广泛深入地开展全民健身活动,对改变传统生活方式,提高人民生活质量,满足人民日益增长的健身需求,增强国民体质,丰富社会文化生活,促进社会稳定,起着重要作用。为了积极宣传、贯彻实施全民健身计划,推动清泰地区的社区体育工作和全民健身计划活动的开展,经街道党工委、办事处研究,决定于 1995 年 4 月 15 日在"清泰街道全民健身计划启动暨第二届社区家庭楼群运动会"时,在原有的清泰地区体育协会的基础上建立"清泰地区全民健身计划领导小组",组长由街道办事处主任周勤担任,下设辅导站,站长由党工委副书记史芝根担任。具体工作由街道体协秘书长吴淑芬负责落实。各体协成员单位协同工作,各居民区在原有的体育领导小组的基础上成立全民健身计划辅导点,重点工作由原来的领导小组成员具体落实。

中共清泰街道党工委　清泰街道办事处

1995 年 4 月 15 日

【由杭州市上城区档案馆提供】

---

　　① 原文标题为《关于成立清泰地区全民健身计划领导小组、"辅导站"和各居民区"体育领导小组""辅导点"的决定》。

杭州市上城区城站街道关于江城路居民区创建"科普示范居民区"的决定①

城科协〔1995〕4 号

为落实街道科普工作五年规划,进一步推动基层科普工作的深入开展,街道科协确定江城路居委会为"科普示范居民区"。

城站街道科学技术协会

1995 年 9 月 28 日

【由杭州市上城区档案馆提供】

---

① 原文标题为《关于江城路居民区创建"科普示范居民区"的决定》。

杭州市清泰街道科协为促进城市"两个文明"建设服务①

　　清泰街道科协成立于 1988 年。自成立以来,在围绕社区服务、普及科学知识、推广应用高新技术成果、提高全民科学文化素质、促进城市"两个文明"建设等方面,进行了大量的实践和探索,取得了较好的工作成效。街道科协也已连续七年被评为杭州市科普宣传周活动先进集体。在实践中我们认识到,街道科协上通市、区科协,中联辖区企事业单位,下挂千家万户,具有外伸、内延、横跨的优势。因此紧紧地抓住这一优势,开展一系列社会化科普宣传活动,对促进社会主义精神文明建设和物质文明建设能起到积极的作用。我们的具体体会有以下几个方面:

　　一、街道科协应针对居民群众的要求,利用网络开展宣传。面对文化层次、思想道德素质不尽相同的众多居民,如何开展好我们的科普宣传,培养和树立人们的科学意识,提高人们的科学文化素质,是我们街道科协所面临的一大课题。为使科普宣传真正做到普及,我街道科协于 1989 年就建立了居民区科普网络,以居民区作为科普站,每个居民区选一人,专门负责做科普宣传,并且协会吸收此人为会员,负责日常科普宣传。我们的日常科普宣传主要是以区、街两级科协自编的《生活科普常识》《科普万花筒》等宣传资料和黑板报宣传为主,通过这些网络宣传到居民群众中去。1989 年到 1993 年,我们通过居民区住宅楼群的闭路电视对居民群众进行科普宣传,把科普知识送进千家万户。同时我们还通过这一网络,在春、夏、秋、冬各个季节的转换中,特别是一些容易患病的时节开展一些科普宣传。如春天是各种病菌容易繁殖和传播的季节,预防和治疗传染病的宣传就很受群众的欢迎。又如春夏之交怎样预防胃肠道疾病的传染,夏季如何防暑降温,深秋和寒冬来临时怎样对支气管炎和哮喘病以及其他易发病进行预防和治疗等知识都深受居民的关注。从这方面入手,把科普宣传逐步引向深入,使科普知识在群众心目中占有一定的位置,

---

　　① 　本文为浙江省城市街道科协研究会 1995 年年会交流材料,原文标题为《街道科协要为促进城市"两个文明"建设服务》。

引导群众对科普知识感兴趣。在此基础上，我们还想方设法开展一些群众乐于参加、容易接受的科普活动，如新春佳节前组织居民群众参加街道科协举办的科普饮食文化活动，举行烹饪讲座和居民烹调赛等，吸引居民前来参加，并借此机会向居民群众宣传饮食保健科学知识。目的是让更多的居民群众改掉新春佳节暴饮暴食的陋习，弘扬科学文化，提倡科学饮食，提高人们的健康素质。我们还利用网络开展一系列的科普文化活动，如家庭科普知识竞赛、居室装潢、巧裁巧剪、小手工艺制作、烹调表演等。通过这些活动的开展，既发挥了群众的聪明才智，又增进了邻里间的相互了解、和睦相处。去年科普周时我们街道科协举办了全地区的"文明家庭科普园艺观摩交流活动"，就是通过居民区网络组织起来的。全地区的广大花卉盆景爱好者们有机会聚在一起探讨科学养花的经验和技术，为我地区的家庭绿化、楼群绿化和环境绿化起到了积极的推动作用。我地区的广大居民群众通过我们几年来的科普宣传，逐渐地从接受科普教育到积极参与科普活动和科普宣传，充分调动了群众讲科学、学科学、用科学的积极性。

为使街道科普宣传工作一年比一年更有成效，每年我街道科协都要对居民区的科普工作做一次总结和评比，树立科普示范居民区。年初把全年开展居民区科普宣传工作列入计划。如每季两次的科普资料发放，每季两次黑板报宣传，都要求有记录，使居民区网络能正常工作。今年上半年我们又特地请省里专家为居民干部们举办了一次"社会公共关系学"这门社会科学的讲座，目的是培训居民干部如何巧妙地、科学地运用公共关系搞好居民区的各项工作，增强居委会的凝聚力和号召力，充分发挥好自己的作用。

二、通过街道科普宣传的努力，初步实现了群众科普意识的四个提高。

1.通过科普宣传，群众的健康、卫生意识有了明显的提高。

在这次创建全国卫生城市的工作中我们深有体会。反映在绝大多数居民身上，就是都能够积极配合和大力支持创卫工作，都希望有一个文明、清洁、整齐、卫生的环境。虽然有的居民居住条件简陋，但却布置得整齐美观，不亚于住楼房的；还有的居民居住条件十分困难，却能够克服困难，协助创卫工作，不乱堆乱放，保证环境的整洁，为创建全国卫生城市尽了一份杭州市民的责任。

2.通过科普宣传，群众破除封建迷信的思想有了明显提高。

今年科普周时，我们在百岁坊巷居民区举行了一次居民群众谈解放思想、破除迷信试点工作座谈会。参加座谈的30余名居民都踊跃发言，表述了自己鲜明的立场和观点,这些居民有青年人,也有80多岁的老人,大多数都在六七十岁,应该说他们都是从旧社会过来的,受旧的思想影响较深,但通过近年来的科普教育和宣传,他们目前的思想觉悟已出乎我们的预料。有一位80多岁的老奶奶风趣地说:"拜菩萨等于在拜石头,这些石头是人为因素使它变成了菩萨,说白了,叫你去拜一块石头你肯不肯?石头和泥又能保佑你什么呢?怪不得弥勒菩萨要咧开大嘴笑,笑天下可笑之人。"近期我们对百岁坊巷居民区做了抽样调查,结果表明,两幢住宅楼除一位90多岁的老太太信烧香拜佛外,其余近百户人家没有一户搞迷信的。

3.通过科普宣传,街道的环境绿化水平有了较大的提高。

每年我街道都要组织力量对居民住宅区的绿化带进行绿化植树。辖区内的学校也都建立和开展了绿化小卫士活动。居民区也把花坛清扫、浇水、锄草、养护作为日常工作之一,居民区的家庭绿化和楼群绿化也在发展。广大居民对净化空气环境,造就绿化世界,促进人类健康有了一定的认识,过去阳台上那些杂、乱、脏的状况正得到改观。

4.通过科普宣传,居民的道德水准有了明显的提高。

特别是邻里的关系,居民们越来越觉得和睦相处,不仅对身体有好处,而且对工作学习和搞好社会风气都有很好的促进作用。这几年来我们在科普宣传中比较重视心理卫生和思想道德方面的宣传,注重公共关系这门社会科学的宣传,因此邻里间的纠纷也随着人们的思想和道德素质的提高逐年减少。据统计,1991年街道辖区内共发生纠纷111起,1992年共发生纠纷88起,1993年纠纷案83起,去年下降到79起,今年到现在为止只有53起。科普宣传提高了人们的思想素质,为创建文明高尚的社会风气,促进社会主义精神文明建设起到了较好的作用。

三、街道科协要调动辖区单位科普工作积极性,搞好科普宣传。

我街道的辖区单位有140余家,有机关、部队、学校、企业等,如果能调动他们在科普上的力量,无论从宣传内容上也好,还是从宣传力度上也好,开展科普宣传教育都将上层次、上规模。今年第九届科普宣传周活动,我街道科协调动了12个地区单位的力量参加了这次宣传,在原来的居民区科普网络宣传的基础上向外拓展,试行了与地区单位联搞科普宣传,取得了很大的成功。如我们到省水利厅去联系科普宣传时,得到了水利厅科技处的大力支持,他们也早有意识想把有关水土保持的法律法规知识教给广大群众,可是苦于宣传声势不大,无法达到他们所需求的宣传效果。与我们联合搞宣传收到了很好的效果,4800 余份宣传资料《浙江的水》和 800 余册单印本法律条文《中华人民共和国水土保持法》被过往群众全部要完,一台 29 英寸的彩电一遍又一遍地播放科教片《水资源的保护》《风暴潮》《水土的保持》等,吸引了众多的群众。其他单位也都根据自己的行业特点,向群众提供了贴近工作、学习和生活的科学知识,同时也向群众宣传了一些高科技发展的动态,科教才能兴国等道理。从身边的科学知识到高新科技知识,提高了宣传层次,拓展了宣传内容,把人们的思想带入了现代化科学和未来科学的境界。除此之外,各行各业还为群众提供了许多便民科技服务。如杭州市第三人民医院的皮肤专科门诊,省武警总队的家用电器维修,银行的利率咨询和假钞鉴别,还有科技、法律咨询,计生咨询、服务,卫生保健等,这些宣传服务得到了广大群众的称赞。现在我们已经着手在已有的居民区科普网络基础上组建辖区单位科普网络,为更广泛地开展全地区性的科普工作做出积极的努力。

四、街道科普工作要为发展经济服务。

今年我们在科普宣传周活动中,以技术练武活动形式对街道所属纸品企业进行了"科学技术是第一生产力"的宣传。今年年初我们街道科协深入街道企业进行了调查,了解企业职工的技术素质和现有的技术力量,针对企业职工年龄相对较小和技术力量弱的特点,帮助他们开展了一些技术培训和技术练武活动,这些活动的开展使企业职工的技术水平有了明显的提高。科普周时,我们又为这些生产项目相同的纸品企业进行了一次横向间的技术比武。比赛结果无论从质量上还是速度上全部都达到了优秀的水平。由于企业领导重视提高每一个职工的技术素质,因而产品质量过硬,给企业创利赢得了条件。就我街道所辖的清泰纸品厂来说,今年 1 月至 9 月的利润达到 9.23 万元,去年同期只有 3.6 万元,去年初到年底共创利 5.13 万元,今年预计可达 10 万元,比去年翻一番。可见,科学普及技术和科学管理企业确实促进了企业的发展和经济的增长。

今年我街道科协还为街道企业安扬塑胶五金厂成功地提供了中介技术服务。由于服务项目、技术力量过关,产品质量过硬,企业和产品赢得了很好的口碑。企业由此向我街道科协支付了一定的中介技术服务费,为街道科协开展科普活动增添了经费来源。

社会要发展,科普的任务也就会越来越重,街道科协要在加强和完善自身建设的同时紧紧地抓住科学普及工作,利用一切可以利用的优势,为社会主义的经济建设服务,为社会主义的"两个文明"建设服务。我们相信,科普工作的前景是大有希望的、大有前途的。

杭州市上城区清泰街道科协

1995 年 11 月 28 日

【由杭州市上城区档案馆提供】

杭州市上城区紫阳街道 1995 年民政工作总结①

根据街道党工委、办事处 1995 年度工作意见和市、区民政局的要求，本科今年工作的指导思想是：以党的十四届四中、五中全会和党的基本路线为指导方针，以加强居委会建设为重点，加快居委会经济发展，巩固扩展社区服务项目，推进民政工作法治化、社会化，促进"两个文明"建设，为超额完成街道、区民政局交给本科的各项任务做出贡献。经过全科同志的奋发努力，较好地完成了各项任务。

一、居委会建设加强

1. 班子建设。向社会公开招聘居委会主任助理 3 名；从工厂选派 3 名；街道干部下派 7 名；从退休、退养的人员中挑选年纪轻、身体好、有文化的充实居委会副主任 4 名。使 16 个居委会的班子得到了加强。同时对 104 名居委会正副主任进行了业务培训，历时 3 天，进一步提高了他们的业务素质。

2. 硬件建设。袁井巷、车驾桥、大悲阁弄、晓霞弄等 4 个居民区的办公室硬件得到了更新。袁井巷、车驾桥居委会已成为街道的先进典型。

3. 袁井巷的居民迁入新的住宅后，及时召开居民会议，进行换届选举，使居委会工作走上正规化轨道。

4. 认真开展等级达标创示范活动。这是居委会建设的重要内容之一，为此，我们做到年初有规划，年中有检查，年终有验收。经区政府组织验收，新创的一级居民区有彩霞岭、车驾桥、兴汤、大马弄、雄镇 5 个；区级示范复验的有吴山、过军、兴汤等 3 个；新创区级示范有车驾桥、彩霞等 2 个；今年被批准为市级示范的有袁井巷、万松龄等 2 个居委会。新创三级居委会有瑞石、茶啾、十五、严官、上仓、六部、北落等 7 个，总达标率为 69.23%，达到了区的要求。

二、第三产业蓬勃发展

为进一步调动居干兴办三产的积极性，居企办在重申原有奖励规定外，又

---

① 原文标题为《1995 年民政工作总结》。

制订了重奖 15 万元户规定,并经常深入企业检查指导,加强管理,使产值稳步地向前发展。一年来,新办三产 27 家,变更 36 家。完成产值 1588 万元,比上年增长 9.4%;完成销售 3293 万元,比上年增长 9.1%;完成企业利润 55.8 万元,比上年增长 0.09%;居委会收入 156 万元,比上年增长 12.38%。其中,15 万元户有 1 家(万松);10 万元户有 3 家(兴汤、袁井、彩霞),5 万至 9 万元户有 7 家,1 万至 4 万元户有 15 家。

三、社区服务稳步发展

居委会的十大系列服务遍地开花,固定设施不断增加,便民服务项目普遍在 10 项以上,累计项目达 2700 余项,街道组织大型服务两次,出动志愿者服务队 60 余支(次),出动人员 160 人次,受益人员 1800 人次。居民区志愿者协会会员队伍不断扩大,会员已达 2300 余人,全年服务 31000 余人,受到了广大群众的赞扬。

四、行政管理进一步规范化

1.殡葬管理。对 26 个居民区的殡改小组进行了调整、充实,殡葬联络员已有 243 名。全年死亡 251 人,火化率 100%,处理逃尸体 1 起。

2.残疾人管理。从年初开始,制订了残疾人工作计划,发给每个理事会成员;各居民区成立了残疾人(精神卫生)领导小组,具体管理残疾人工作;组织残疾人与健全人开展"双向"服务 2 次,残疾人 6 名,服务 40 余人次;组织双柯比赛 1 次,13 人参赛;组织象棋比赛 1 次,4 人参赛;组织残疾人参加区、市文艺调演 1 次,4 人参赛,3 人获奖,街道被评为区组织发动奖;用黑板报宣传残疾人保障法 70 余块(次);对残疾人进行了全面调查、登记、建卡工作,到 12 月底,已登记的残疾人 460 人,占总人口的 1.14%,新领证的 150 人(共领证 400 余人),其中精神病患者 169 人,均建立了家访小组。

对工疗站,健全了规章制度、台账,调整了管理人员的工资,稳定了思想,使他们安心工作;粉刷了墙面,修理了水管,干干净净迎接区、市的大检查。还接受了中残联和江干区人大对残疾人工作的检查、视察,均得到了好评。

3.敬老院管理。调整了院长;提高了院长和管理人员的工资,使他们安心工作;收了 3 名寄养人员;新购了 2 个燃气罐,1 台燃气灶,修理了自来水管道,改善了老人的生活,保持了市一级敬老院的先进水平。

4.拥军优属。走访慰问部队 4 次,大型军民联欢会 1 次,军民座谈会 2

次,参加人员 46 人次;黑板报宣传 69 块(次);走访慰问烈军属 355 次,慰问金额 3260 元;大型服务 2 次,参加人员 155 人次,受益人员 1662 人次;向部队赠送慰问品 202 件,计 10325 元;14 个挂牌服务单位继续做好"三优"服务,全年服务达 5100 余人次。

5.社会救济 27 人,发放救济金 34800 元。从今年初开始,我们还对全街道收入在 150 元以下的困难户进行了全面的调查登记,目前已定的特困户(除定救孤老)有 18 户,21 人。困难的主要原因:(1)因病丧失劳动力;(2)精简回杭无业可就;(3)"双劳"释放回杭无业;(4)拿遗属补贴;(5)低智不能就业,无收入;(6)收入较低;(7)靠遗产维持生活。对这些特困户,都及时给予临时救济,保证了他们的最低生活水平。

6.信访工作。一年中,共接待处理来信来访 15 件,均做到了有登记、有答复。

7.退休人员管理。现有代管的退休人员 139 名,慰问 2 次,并及时为他们办理了公费证验证,医药费报销、转院等具体事项。

8.财产保险。为 18 个居民区的 923 户居民办理了家庭财产保险,投保额达 1171 万余元。

9.收送弃婴 3 名,办理收养 2 名。

10.组织水产部门向居民优惠供应两次,受益居民 12000 余户。

五、被评为先进项目

区级:(1)"二五"普法先进单位(锦旗)。(2)夏季防激化先进单位。(3)区残疾人文艺表演组织先进单位(镜框)。(4)1995 年拥军优属先进单位(锦旗)。

市级:(1)市级残疾人工作先进集体(1995 年 2 月锦旗)。(2)市级综合治理先进单位。(3)市级、区级爱国储蓄先进单位。(4)市级精神卫生先进单位。

1995 年 12 月 25 日

【由杭州市上城区紫阳街道办事处提供】